KB211117

문득, 당신이 그리워질 때

고난   은혜   인생   사랑

| 옥한흠 어록집 |

문득,
당신이 그리워질 때

후회 없이 사랑하라고 하신 당신의 말씀이 그립습니다

필로

" 무엇을 위해서 사느냐가 아니라
누구를 위해 사느냐임을 명심하십시오 "

오늘까지 살아온 것은 전적으로 하나님의 은혜입니다. 옥한흠
목사의 어록을 싣는 책에 무슨 말로 하나님께 감사를 드려야
할지 모르겠습니다. 그가 하나님 곁에 가신지 5년이 다 된 지
금, 날마다 '주님, 저는 언제 데려가요?'라고 기도하는 미련한
사람입니다.

하나님의 크신 배려와 인도하심으로 사랑의교회에서의 25
년 사역은 전적으로 하나님의 은혜입니다. 그가 한 마디 한 마
디 온 힘을 다하여 교회 성도들에게 전한 말씀을 생각하면 좀
더 세상에 남겨 두셔도 좋았을 텐데……. 그러나 하나님의 뜻
은 힘들게 투병 생활을 더 하도록 두실 수 없었을 것입니다. 미
련한 사람의 눈에도 너무 보기가 힘든데 '주님은 얼마나 마음
아파하셨을까'라고 생각하면 당연하고 당연합니다.

2012년 11월 국제제자훈련원 _ 김영순 사모

오늘 지면을 통하여 그가 힘주어 하던 말씀을 들어볼 수 있게 됨을 감사드립니다. 주님을 구주로 고백하는 사람이면 누구나 다 필요한 말씀이 되기를 바랍니다. 더불어 이 귀한 책을 만들어 주신 고경원 집사님에게 감사를 드립니다.

누구나 이 책을 들면 옥 목사님의 얼굴이 눈에 선하게 보일 겁니다. 왜냐고요? 그는 무슨 말을 해도 가족보다 성도들 위주로 먼저 생각했으니까요. 그러나 이제는 제 가족 모두도 우리를 제일 아끼고 사랑했던 아버지, 남편임을 고백합니다.

주님, 감사합니다.

2015년 5주기 즈음하여

김영순 故 옥한흠 목사 사모

CONTENTS

PART **1**

고난 苦難

밤에 부르는 노래는 아침을 위한 전주곡이며,
그 노래는 어둠이 물러가면 반드시 아침이
밝아 온다는 소망의 노래입니다.

PART

은혜 恩惠

2

은혜가 우리를 살립니다. 죄책감에서 자유롭게 합니다.
자기 자랑을 하지 않게 합니다. 충성 되게 만듭니다.
열등감에서 벗어나게 합니다.

CONTENTS

PART

3

인생 人生

쉴 새 없이 자꾸만 흘러가는 시간 속에서 짧은 인생을 길게 사는 방법은 시간을 연장하는 데 있지 않고 삶의 질을 높이는 데 있습니다.

PART 4

사랑 愛

사랑을 얻는 것은 모든 것을 얻는 것입니다.
사랑받고 있다는 감정보다 더 큰 힘은 없습니다.

위로와 희망, 그리고 그리움

옥한흠 목사님의 방대한 책을 읽고 어록을 발췌하기 전에 두 가지 질문을 제게 던졌습니다. 우선 이 어록집을 누가 읽으면 가장 좋을지 자문했습니다.

저는 옥한흠 목사님의 어록집이 종교계의 지도자 또는 설교자들에게만 또, 한 걸음 더 나아가서 기독교인에게만 도움이 되는 책이 아니길 바랐습니다. 이 책은 저와 같이 힘든 하루하루의 평범한 삶 속에서, 나름 지친 하루를 견디어 내며 이 세상을 지탱해주고 있는 평범한 사람들이 읽기를 바랐습니다. 그렇기에 저는 옥 목사님의 글 속에서 목사로서가 아닌 '인간 옥한흠'으로서 그 누구보다 삶을 치열하고 성실하게 산 그분의 생각과 성품 그리고 가치관이 녹아있는 글들을 찾기 위해 애썼습니다.

물론 옥 목사님의 책이 대부분 설교집이어서 결코 쉽지는

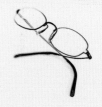

않았습니다. 그러나 설교라는 형식 속에서조차 인간으로서의 성품과 인격은 완전히 숨겨지지 않았습니다. 왜냐하면, 비록 설교가 성령께서 전하시는 말씀이지만 인간을 통해 전해지는, 결국 인간을 위한 말씀이기 때문입니다.

옥 목사님이 항상 강조하셨던 작은 예수의 삶은 바로 사랑이었습니다. 사람을 훈계하고 징계함이 주목적이 아니었습니다. 자신을 사랑하고 남을 사랑하는 것이며 이를 실천하는 것이, 다름 아닌 예수를 사랑하는 것이라 하셨습니다. 달리 말하면 예수의 사랑을 바로 알고 실천한다면 그것이 결국 하나님을 바로 아는 것이고 하나님 뜻을 이루는 것이라고 하셨습니다. 그런 사랑은 결코 이기적인 사랑으로는 불가능하다 하였습니다. 그래서 그분의 말씀 하신 사랑에는 사람에 대한 깊은 이해와 포용이 담겨 있습니다. 사랑의 실천에는 정신적인 것은 말할 것도 없고 물질적인 헌신까지도 강조하셨습니다.

제가 이해한 그분 말씀의 골격은 쉽게 말해서 '똑바로 잘 살아야 한다'는 말이었습니다. 진정 제대로 된 인간이라야 진정성 있는 제대로 된 말을 할 수 있다는 너무도 평범한 진리를 그분의 설교를 듣고 글을 읽으면서 깨달았습니다.

저의 다음 질문은 그래서 이렇게 이어졌습니다.

이 책이, 이 어록이 읽는 사람의 가슴에 무엇을 남기면 좋을까?

한 마디로 이 어록집을 손에 쥔 사람의 남은 인생 동안 좋은 변화를 맞는 계기가 되면 좋겠다는 바람이었습니다. 좀 더 구체적으로 그 좋은 변화를 만드는 계기가 위로와 희망 그리고 그리움이기를 바랐습니다. 진정한 위로는 위로로 끝나지 않고 반드시 희망이라는 꽃을 피웁니다. 살다 보면 남을 통해 위로를 받고 또 내가 위로를 전할 때도 있습니다. 그런데 위로라고 다 같은 위로가 아니었습니다. 자기를 드러내기 위한 위로가 있는가 하면 진정으로 상대방과 자신을 동일화해 같이 아파하며 느끼는 위로가 있습니다. 진짜 위로와 입에 발린 위로의 차이가 바로 여기에 있습니다. 그렇기에 무엇보다 위로가 희망이란 꽃을 피우기 위해서는 그 위로가 누구의 입에서 나왔는가가 중요합니다.

'나와 같이 고통받고 나처럼 절망하고 눈물 흘렸지만, 그 속에서 희망을 부여잡고 다시 일어난 사람의 입에서 나온 위로'인가 아니면 그렇지 않은가가 중요합니다. 저는 옥 목사님의 글에서 그분의 고통을 읽었고 고통이 좌절로 끝나지 않고 다시 내일을 향해 일어서는 희망을 보았습니다. 그렇기에 그분의 위로는 상처를 어루만지고 고통을 감하게 해주는 힘이 있습니다.

저는 옥 목사님의 어록을 다 읽고 이 책을 접을 때, 결국 우리 속에는 희망과 함께 또 하나의 진한 감정이 남을 것임을 압니다. 바로 그 사람에 대한 그리움, 옥 목사님에 대한 그리움입니다. 다시 만날 수 없는 사람에 대한 그리움이 아픔이지만 또한 희망이 될 수도 있습니다.

　　저는 옥 목사님을 가까이서 직접 만나 뵙지는 않았으나 글을 읽는 내내 그리웠습니다. 그분의 가슴에서 우러나오는 목소리가 들리는 듯하여 여러 번 눈물이 났습니다. 이 어록 속에서 우리가 그리워하는 자신만의 누군가를 만날 수 있을지도 모릅니다. 때론 가슴 아프고 슬프지만 그런 느낌들이 저에겐 그대로 위로가 되었습니다. 그리움이 되었습니다. 희망이 있다 기대하게 되었습니다.

　　옥 목사님의 글을 읽고 설교를 듣는 동안 제 마음을 채운

'위로와 희망, 그리고 그리움'이 이 어록집을 손에 쥔 독자들에게 그대로 전달되기를 바랍니다.

　이 글을 쓰는 이 순간까지 한가지 우려가 저를 떠나지 않습니다. 저의 부족함으로 인해 옥 목사님의 진심이 더 많이 담긴 글들을 행여 발견하지 못했으면 어떡하나 하는 두려움입니다.
　하지만 솔직히 말해 우려보다는 기대가 더 큽니다. 옥 목사님의 글을 통해 위로받고 희망을 품을 사람들을 기다리는 기대가 더 큽니다. 그리고 우리의 손을 잡고 이끌어 줄 진정한 우리들의 어른이, 그리운 이 시대에 '옥한흠'이란 어른이 영원히 기억되고 추억되기를 바랍니다.

최민정
옥한흠 어록집 담당 편집자

" 행위는 말씀대로 순종하는 삶이며,

믿음과 행동이 일치하는 삶입니다 "

2007년 평양대부흥 100주년 기념대회

1985년 영락교회 선교대회

"너희가 전에는 어둠이더니 이제는 주 안에서 빛이라 빛의 자녀들처럼 행하라"(엡5:8).

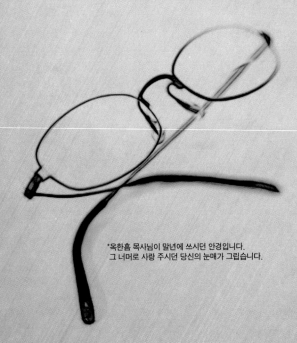

*옥한흠 목사님이 말년에 쓰시던 안경입니다.
그 너머로 사랑 주시던 당신의 눈매가 그립습니다.

고난

苦難

우리가 평생동안 한두 가지의 가시는 뽑지 못하고 살아야 할지 모릅니다. 그러나 그 가시 위에 피는 장미꽃을 우리는 찾습니다. 가시가 주는 아픔 속에서도 놀라운 기쁨과 평안을 주시는 하나님의 그 은혜와 능력을 체험합시다. 가시를 안고도 가시가 없는 사람보다 더 큰 일을 할 수 있는 능력자가 되는 체험을 날마다 하면서 삽시다.

CHAPTER 01

고난은 또 다른
하나님의 축복

고통은 하나님과의 은밀한 대화 통로입니다

#01

저는 '고난'을 일컬어서 변장하고 찾아오는 하나님의 축복이라고 정의하고 싶습니다. 다시 말하면 겉으로는 고난같이 보이지만, 사실은 축복을 안고 오는 변장 된 축복이라는 말씀입니다.

이러한 고난의 수수께끼는 고난의 정체가 규명되는 데 의미가 있는 것이 아니라 고난을 통하여 섭리하시는 하나님을 바라보는 데 의미가 있습니다.

#02

염려의 그물에 걸려들지 않는 인생은 없습니다. 현대인은 저마다 염려가 내뿜는 독소에 시달리면서 바삐 세상을 살고 있습니다. 문명이 발달하면 할수록 염려의 비중은 커지고 염려가 남긴 상처는 더욱 심화됩니다.

하나님을 제한시키지 마십시오. 하나님은 무한하시며 너그러우시되 끝이 없이 너그러우십니다. 이 하나님을 선택하기만 하면 염려로부터 해방되는 바로 그 열쇠를 손에 쥘 수 있습니다. 하루가 다르게 발전하는 세상 속에서 우리는 더욱더 전능하신 하나님을 바라보아야 합니다.

많은 사람이 시련에서 탈락하기 때문에 그 뒤에 따라오는 하나님의 축복을 놓쳐 버리고 맙니다. 따라서 우리가 진짜 두려워해야 할 것은 고난이나 어려운 문제가 아니라 고난 중에 함께 하시며 우리보다 훨씬 지혜로우신 하나님을 잊어버리는 영적 무지입니다.

당장 인정하기 힘들더라도 인생에서 만나게 되는 고난은 유익이 있습니다.

우리가 평생동안 한두 가지의 가시는 뽑지 못하고 살아야 할지 모릅니다. 그러나 그 가시 위에 피는 장미꽃을 우리는 찾습니다. 가시가 주는 아픔 속에서도 놀라운 기쁨과 평안을 주시는 하나님의 그 은혜와 능력을 체험합시다.

가시를 안고도 가시가 없는 사람보다 더 큰 일을 할 수 있는 능력자가 되는 체험을 날마다 하면서 삽시다.

#06

고통을 견디는 사람의 태도가 중요합니다. 똑같은 고통이라도 대하는 사람의 태도에 따라 그것이 추하게도 아름답게도 보일 수 있기 때문입니다. 하나님은 당신의 고통을 은밀한 대화의 통로로 이용하고 계십니다. 이러한 사실이 우리에게 얼마나 큰 위로가 되는지요!

#07

인생의 험한 경로를 많이 겪은 사람일수록 그가 가진 신앙의 날개는 더 튼튼합니다.

당신에게 어려움이 별로 없습니까? 너무 행복한가요? 그렇다면 한가지 염려스러운 것이 있습니다. 당신의 믿음은 아직도 둥지 안에 있는 새끼 독수리의 날개와 비슷한지 모릅니다. 스스로 날지 못하는 어린 믿음일 수 있다는 말입니다.

하나님이 공중에서 던지는 훈련을 통해서 자라지 못한 믿음은, 날아가는 흉내는 낼지 모르지만 실은 한 마장도 날지 못합니다. 고작해야 땅에서만 바둥대고 맙니다.

행복이 믿음을 약하게 만들고 있습니까? 그 행복은 절대로 추천할 만한 것이 못됩니다. 불행이 강한 믿음을 만들어 주었습니까? 절대로 후회할 필요가 없습니다.

세상이 평안하고 염려가 없을 때는 신자와 불신자를 구별하기가 쉽지 않습니다. 그러나 사회적으로 불안한 일이 속출하고 정치적, 경제적으로 위기에 몰릴 때는 비로소 신자가 어떤 사람인지 구별이 됩니다. 하나님만을 섬기는 사람은 위기를 당해도 동요하거나 의기소침하지 않습니다.

진실한 그리스도인은 위기 앞에서도, 불안하며 갈팡질팡하는 세상 사람들을 오히려 위로해 주며 의연하게 위기를 대처하는 지혜로운 모습을 세상에 드러냅니다.

소나기가 쏟아지면 어느 처마 밑이든 일단 피하는 것이 지혜로운 행동입니다. 곤고한 날엔 기도의 그늘에 피하는 것이 가장 좋은 방법입니다. 이런 점에서 볼 때 곤고한 날, 기도하는 날, 이 둘은 동의어라고 할 수 있습니다.

그런데 한 가지 분명한 사실이 있습니다. 곤고한 일로 잃어버린 것에 비한다면 기도해서 얻는 보상은 훨씬 가치가 있고 풍성하다는 사실입니다. 이런 의미에서 곤고한 날이 전혀 없어서 기도의 골방을 모르는 사람은 불행한 사람이라고 할 수 있습니다.

지금 어떤 폭풍이 당신을 향해 몰려오고 있습니까? 독수리가 날개의 각도를 조정하듯이 당신의 믿음의 각도를 조정하십시오. 이렇게 위기를 대비하면 당신을 향해 달려오던 폭풍은 오히려 더 높은 경지로 당신을 밀어 올려 줄 것입니다. 그곳에 하나님이 예비해 놓으신 놀라운 평강과 위로가 있습니다.

밤은 인생의 꽃을 피울 준비를 하는 시간입니다. 어떤 사람에게 고난의 밤은 깁니다. 어떤 사람에게는 고난의 밤이 짧습니다. 그 시간이 길든 짧든, 고난의 시간이 없다면 인생의 꽃은 피지 않을 것입니다.

나는 인생의 밤이 찾아올 때면 먼저 감사의 기도를 드립니다. 밤이 지나기를 기다리는 시간은 비록 고통이지만, 그 후에는 찬란한 꽃이 필 것을 확신하기 때문입니다.

이 세상에 영원한 밤은 없습니다. 밤은 반드시 지나며 곧 새날이 밝습니다. 잠깐의 고난 뒤에는 영원한 행복이 올 것입니다. 그러므로 밤에 부르는 노래는 아침을 위한 전주곡이며, 그 노래는 어둠이 물러가면 반드시 아침이 밝아 온다는 소망의 노래입니다.

#12

밤이 싫어서 두려움에 떨고만 있는 사람이 되고 싶지 않습니다. 가치 있는 생을 위해 아직은 끝나지 않은 내 인생의 밤을 다시 통과해 보고 싶습니다. 그리고 밤의 노래를 멋있게 부르고 싶습니다. 삶의 모퉁이마다 다른 얼굴을 보여 주듯이 불행은 결코 불행으로만 끝나지 않을 것이며, 그 불행은 영원한 행복을 위한 근원이 될 수 있습니다.

이런 생각은 나의 밤을 훨씬 아름답게 만듭니다. 어느새 창밖에는 희미한 밝음이 어둠을 밀어내며 오늘을 앞세우고 서서히 다가오고 있습니다.

#13

고통을 통해서 얻을 수 있는 진정한 복을 아세요? 햇살뿐만 아니라 구름과 폭우도 있어야 자연이 풍요로워지듯이 우리의 인생도 햇살만 창창하다고 해서 풍요로워지는 것이 아닙니다.

고통은 우리에게 유익한 것이요, 선한 것이요, 보람된 것일 수 있습니다. 어떤 경우라도 고통을 비관하지 마십시오. 당신이 당하는 고통의 배후에는 하나님이 계십니다. 그 선하신 하나님이 당신에게 가장 좋은 것을 준비하고 계신다는 사실을 잊지 마시기 바랍니다.

“ 우리는 작은 예수가 되어 고통당하고
슬퍼하는 자들을 바로 위로해야 합니다 ”

2000년 8월 _ 영성수련회

하나님의 말씀이라고 해서 다 위로가 되는 것은 아닙니다. 잘못하면 찌르는 칼이 될 수도 있습니다. 말이 필요 없을 때는 말을 안 하는 것이 좋습니다. 그것이 지혜입니다.

때에 맞는 말, 꼭 필요한 말을 찾는다는 것이 그렇게 쉬운 것이 아닙니다. 성경말씀이라고 해서 다 때에 맞는 말이라고 착각하지 마세요. 설혹 진리를 전한다 할지라도 그 말이 상황과 맞지 않는다면 진리가 될 수 없습니다.

우리는 작은 예수가 되어 고통당하고 슬퍼하는 자들을 바로 위로해야 합니다. 그럴 때 그들에게 예수 그리스도의 위로가 넘치게 됩니다. 아무리 그 고통이 심하고 슬픔의 골이 깊다고 할지라도 예수님은 우리를 통해 그들을 일으켜 세우시고, 힘을 주시고, 능력을 주시고, 싸매어 주십니다.

나만 편하면 된다 하는 이기적인 생각을 가지고 형제를 보지 마십시오. '저 형제의 슬픔은 곧 나의 슬픔이다' 하는 심정을 가져야 합니다.

오늘 우리는 이와 같은 위로자가 되어 주님 앞에 쓰임 받을 때 하나님 나라에 큰 역사가 일어납니다.

슬픔이란 단순한 서러움이 아닙니다. 그것은 누군가를, 아니면 무엇인가를 잃어버린 데서 오는 상실감에 대한 반응입니다. 그래서 슬퍼하는 사람의 내면에는 극심한 갈등이 교차하고 있는 것을 볼 수 있습니다.

사랑하는 자가 영원히 떠나 버렸다고 하는 현실과 그 사람을 떠나 보내지 않았으면 좋았을 텐데 하는 실현 불가능한 기대감 사이에서 갈등하고 있는 것입니다. 그러므로 슬퍼하는 사람을 붙들고 쓸데없이 말을 많이 하거나 단번에 무엇인가를 이해시키려고 강요하면 그에게 도움이 되지 않습니다. 오히려 고통당한 사람이 마음껏 복받치는 대로 감정을 표현할 수 있도록 배려해 주는 것이 더 좋습니다.

울고 싶으면 실컷 울도록 하는 것이 좋습니다. 마음에 담고 있는 말을 하고 싶어 하면 실컷 하게 하고 그 말을 들어 주는 것이 좋습니다.

이것이 진정한 위로자(慰勞者)의 태도입니다. 위로한다고 함부로 입을 열 때 우리는 위로자가 아닌 핍박자(逼迫者)가 될 수 있음을 기억해야 합니다.

진정한 위로자는 다름 아닌 침묵의 잠재력을 아는 사람입니다.

우리가 하나님의 뜻을 분명히 알 수만 있다면 얼마나 좋을까요? 그렇다면 어떤 고난 중에서도 잠잠히 수긍할 수도 있고 얼마든지 인내할 수도 있을지 모릅니다. 고난 중에도 분노하는 대신 찬양할지도 모릅니다.

비록 우리가 하나님의 뜻을 다 알 수는 없어도 우리가 견디기 어려운 고통 중에 빠져 있을 때는 하나님께서 믿음을 잃지 않도록 우리를 특별한 방법으로 돕고 계신다는 그 사실만은 꼭 알아야 합니다. 아무리 어려움을 당해도 하나님은 우리를 믿음의 밧줄에 꼭 매달아 놓고 계신다는 사실을 잊지 마시기를 바랍니다. 우리가 아무리 절망의 자리에 빠졌다고 할지라도 하나님은 우리가 소망의 자리로 발걸음을 옮겨 놓을 수 있도록 등을 밀고 계신다는 것을 믿으시기 바랍니다.

결국은 저 높은 정상에 우리를 우뚝 세워 주십니다. 우리 발을 사슴같이 만들어 높은 곳을 다니게 하십니다. 아무리 그 고통이 극심해도 그 고통 앞에 무릎 꿇는 패배자가 되지 않도록 하나님은 끝까지 우리를 돕고 계십니다.

교회를 갱신하고 싶습니까? 작은 자를 주목하는 하나님의 눈을 가져야 합니다. 이것이 중요합니다. 먼저 내가 하나님이 주목하시는 작은 자인가를 묻고, 그다음에 작은 자를 과연 하나님의 눈을 가지고 주목하는가를 다시 한 번 물읍시다.

이것만 된다면 우리는 하나님께서 사용하시는 도구가 될 수 있다고 확신합니다.

#19

고통을 부정적인 것으로만 보지 맙시다. 이것 때문에 엄청난 기쁨이 찾아올 수 있습니다.

당신이 안고 있는 고통이 무엇이든지 비관하지 마십시오. 시편 126편 5절은 우리가 가슴에 깊이 새겨 두어야 할 말씀입니다.

"눈물을 흘리며 씨를 뿌리는 자는 기쁨으로 거두리로다"

(시126:5).

파종이 없으면 결실이 없는 법입니다. 눈물을 흘리며 씨를 뿌리지 않는 자는 결코 기쁨의 결실을 기대할 수 없습니다. 고통이 선하다고 한 이유가 바로 여기에 있는 것입니다.

20

오늘날 한국 교회가 안고 있는 심각한 문제는 교리나 신학적인 문제가 아닙니다. 교회의 질이 문제입니다. 우리는 성직자와 평신도가 세상에 비해 얼마나 그 차별성이 분명한가를 문제 삼는 것입니다.

다시 말해, 정체성이 어느 정도 분명한가 하는 문제를 가지고 고심하는 것입니다.

오늘날 한국 교회는 처절할 정도로 세상에 오염되어 있습니다. 일부 믿는 사람들이 안 믿는 사람보다 더 양심이 바르지 못해 지탄을 받고 있는 것이 현실입니다. 교단 내의 조직마다 코를 찌르는 악취가 풍깁니다. 이유가 무엇이겠습니까? 세속화된 것입니다. 교회의 질이 떨어진 것입니다.

누구를 비판하거나 정죄하기 위해서 이런 말을 하는 것이 아닙니다. 너무나 가슴 아프기에 탄식하는 것입니다.

21

내가 원하든 원하지 않든 인생의 벼랑에 섰을 때, 절체절명의 위기를 만났을 때, 원하던 대로 이루어지지 않았을 때라도 하나님은 절대로 실패하지 않으신다는 확신이 제게는 있습니다.

22

자신의 문제를 직시하면 고통이 따릅니다. 그러나 그 고통을 가급적이면 외면하기 때문에 모든 삶이 뒤틀려 버리고 마는 것입니다. 그리고 문제를 제대로 보고 그 문제를 해결하기 위해서 따르는 고통을 두려워해서는 안 됩니다.

대가를 치르지 않고, 눈물과 고통이 따르지 않고 무슨 문제가 해결됩니까? 지불해야 하는 대가가 두려워서 도망가니까 문제를 보지 못하게 되고, 설혹 문제를 보았다 할지라도 그 문제를 해결할 길이 없는 것입니다. 그러니 문제가 계속 꼬이고 나중에는 절망에 빠지는 것입니다.

이것이 현대인의 현실입니다. 저는 이것을 백 퍼센트 공감합니다. 정신적으로나 영적으로 훈련되지 못한 사람들은 고통스러운 것이 있다면 무조건 피하려고만 합니다. 그리고 문제를 해결하려고 할 때 뒤따르는 고통을 두려워한 나머지 문제 자체를 아예 외면해 버립니다. 그것이 극단으로 가게 되면 정신질환에 걸리는 것입니다.

23

앞으로 달려가려고 하는 갈증 없이, 우리는 더 발전할 수 없습니다.

" 진정한 위로자는 다름 아닌
　침묵의 잠재력을 아는 사람입니다 **"**

2007년 8월 _ 영성수련회

저는 '갱신'과 '개혁'이라는 말을 구별해서 썼으면 합니다. 기독교에서 말하는 개혁은 교리와 신앙의 문제를 바로 잡는 것이고, 갱신은 교리적인 문제보다 교회의 질적인 문제를 바로 잡는 것입니다.

교회의 질적인 문제란 교회의 세속화입니다. 도덕적 위기를 경고하는 일이고, 무력해지는 교회를 바로 세우는 것입니다. 이런 의미에서 성전 재건이 개혁에 해당한다고 한다면, 성벽 재건은 갱신에 해당한다고 볼 수 있습니다.

성전 재건은 하나님 예배와 말씀의 권위를 지키는 데 절대적인 역할을 하는 것이지만, 성벽을 재건하는 것은 세상으로부터 오는 유혹과 공격에서 성경과 하나님 백성의 순수성을 지키는 것이 목적입니다. 따라서 갱신은 교회를 세상으로부터 보호하는 것, 교회와 세상의 차별성을 드러내는 것, 그래서 교회의 영적인 생명과 능력을 잃지 않도록 하는 문제를 다루는 것입니다.

ⓒ옥한흠

CHAPTER 02

고난 속 희망,
갱신에의 부르심

고통 분담으로 부족하면 고통을 전담해야 합니다

고통은 분담할수록 좋습니다. 그리고 분담하는 것도 모자라면 교역자는 고통을 전담해야 합니다. 이것이 교역자가 권위를 가지게 되는 지름길입니다. 잃어버린 권위를 회복하는 길입니다. 매일 앉아서 대접받을 생각이나 하고, 사람들 앞에서 외적인 권위나 세우려고 목에 힘주고 있는 것은 사람 보기에 권위가 있어 보일지 모르지만, 사람을 변화시키기에는 절대 불가능한 것입니다.

사실 굉장히 어려운 문제입니다. 저도 이 문제 때문에 너무 너무 괴로워하는 사람입니다.

깊이 생각해 보시기 바랍니다. 좀 더 낮아질 수 없는지 생각해 보십시오. 파도와 싸우는 사람들에게 같이 다가갈 길이 없는지 다시 한 번 생각해 보십시오. 고통을 분담할 수 있는지, 분담해도 모자라면 전담할 수 있는지 말입니다. 그 정도의 용기와 그 정도의 열린 자세를 가지고 우리가 교회 앞에 선다면, 우리의 권위는 다시 회복될 줄로 믿습니다.

우리에게 영적 권위가 회복되어야 교회가 살고, 갱신되고 하나님의 뜻이 이 땅 위에 이루어질 수 있습니다. 그러나 우리의 영적 권위가 세워지지 아니하면 아무리 잔재주를 부려도 생명이 변화되지를 않습니다. 하나님이 원하시는 역사는 일어나지 않을 것입니다.

저는 가끔 제 설교 테이프를 하나씩 듣습니다. 자기 설교를 듣는 것만큼 힘든 일이 없습니다. 그러나 저는 일부러 듣습니다. '내가 무슨 설교를 했나? 지금까지 무슨 말을 한 목사인가? 강단에서 무슨 내용을 가지고 소리를 지른 사람인가?' 저 자신을 냉정하게 돌아보기 위해서 테이프를 듣습니다.

들을 때 저도 모르게 마음에 가책이 생깁니다. '이 성경 본문은 쏙 빼 버리고 사람들에게 듣기 좋은 본문만 뽑아서 설교한 것이 아닌가? 사실은 말하지 않은 그 본문이 더 중요한데…' 하고 자책을 하는 것입니다.

왜 적당히 설교합니까? 자신도 모르게 아부하는 것입니다. 되도록 많은 사람한테 "그 목사님 설교 좋더라", "은혜받았다" 하는 소리를 듣고 싶어서 그런 것입니다. 그 소리가 마귀 소리인 줄을 알아야 하는데 그런 소리에 끌려다니다 보니 듣기 싫은 말은 가급적이면 안 하려고 합니다. 그러다가 청소년이 타락하고, 나라의 정신 풍토가 병들어 버리는 상황을 보고도 제대로 소리 한번 지르지 못했습니다. 그렇게 되면 나라의 앞날이 어떻게 되리라는 것을 뻔히 알면서도 말 한마디 제대로 못하였습니다. 그러므로 나라가 어려운 위기를 만나서도 고개를 들 수 없고, 교회 성장이 멈추었다고 해도 고개를 들 수가 없는 것입니다.

하나님께서 우리에게 다시 한 번 경고하는 예언자적 권위를 회복시켜 주시기를 바랍니다. 우리 모두에게 다시 한 번 용기를 주시기 바랍니다.

앞으로는 지금보다도 더 많은 경고를 해야 할 무서운 시대가 다가오고 있다는 것을 우리는 성경을 통해서 압니다. 사람들의 욕심은 이제 아무도 제동을 걸 수가 없습니다. 이제는 브레이크가 고장 난 자동차와 같습니다. 오늘 살다가 죽어도 자기들의 욕망을 절제할 수 없는 것이 요즘 사람들입니다.

이럴 때 우리에게 남아 있는 것은 무엇입니까? 말씀을 가지고 경고하는 것입니다. 그래서 파멸을 막아야 합니다. 과거에는 제 역할을 못 했다 할지라도 지금부터 "주여, 우리에게 앞날을 보는 분명한 영안을 주시고, 사람들이 뭐라고 하든 간에 예레미아처럼 얼굴에 철판을 깔고서라도 꼭 해야 할 말은 주저하지 아니하고 할 수 있는 권위 있는 메신저가 되게 해 주시옵소서"하고 기도해야 합니다.

교회 갱신이 무엇입니까? 메시지가 살아나야 교회 갱신이지, 메시지가 죽을 쑤고 있으면서 무슨 갱신이 일어납니까?

27

복음의 감격이 식어버린 사람은 무장해제된 사람입니다.

28

우리는 좀 더 배우고 좀 더 몸부림을 칠 때 예수님을 닮아 갈 수 있습니다. 이것을 포기하면 우리는 사역자로서 생명이 끝나는 것입니다. 우리는 직업 꾼이요, 먹고 살기 위해서 목사 일을 하는 사람일 수 있습니다. 그러나 예수 그리스도께 초점을 맞추고, "주여, 제가 안고 있는 이 문제를 주님은 어떻게 하셨습니까?" 하고 늘 물으면서 주님을 닮아가려고 할 때, 우리는 자신도 모르게 모든 성도가 본받을 수 있는 하나의 모범이 될 수 있다고 믿습니다.

29

요즘 한국 교회에서 제자가 되는 것은 그리 어렵지 않은 듯 보입니다. 많은 사람이 받을 영광만 바라고 제자의 길로 성큼 들어섭니다. 그러나 십자가는 영광의 물건이 아닙니다. 십자가는 '죽음'의 징표입니다. 내 십자가를 진다는 것은 나를 죽이고 내 대신 예수께서 사셔서 내 모든 의지를 스스로 박탈하는 것입니다.

이것은 목숨을 걸고 예수님을 믿었던 초대 교회 성도들에게만 해당하는 것이 아니라 교회가 지천인 이 땅의 성도들에게도 동일하게 요구되고 있습니다.

30

표준을 낮추지 마십시오,

우리의 표준은 예수 그리스도십니다. 그분은 완전한 분이십니다. 하나님이십니다.

비록 그 표준이 너무 완전해서 우리 모두에게 너무나 부담스럽더라도, 표준을 낮추지 마십시오. 대청봉을 오르려고 준비하는 사람하고, 에베레스트를 오르려고 준비하는 사람은 그 준비 자세가 벌써 다릅니다. 생각이 다릅니다. 왜 그렇습니까? 오르려고 하는 정상이 다르기 때문입니다.

예수 그리스도를 닮고 그분처럼 살겠다고 하는 표준을 정해 놓고 사는 사람은 다른 사람과 구별될 수밖에 없습니다.

1,000년 전에도 세상은 여전히 악하였습니다. 2,000년 전에도 세상은 여전히 음란하였습니다. 우리는 금방 세상이 나빠지고 잘못될 것처럼 호들갑을 떨 필요가 없습니다.

예수 그리스도 앞에 세상이 얼마나 악하냐 하는 것은 문제가 되지 않습니다. 문제는 주님의 손에 쓰임을 받는 여러분이 어느 정도의 수준이냐입니다.

우리 모두가 표준을 낮추지 않고 오직 주님만을 푯대로 삼고, 그분만을 향하여 달려가려고 노력할 때, 우리의 인생에는 하나님의 놀라운 거룩함과 능력이 임할 줄을 믿습니다.

31

조심하십시오. 십자가가 빠지는 영성은 반드시 그 목회자를 변질시킵니다. 성공하면 성공하는 대로, 실패하면 실패하는 대로 변질시킵니다. 결국은 주님이 보내신 사자라고 말하기 어려운 자리에까지 떨어진다는 것을 꼭 기억해야 합니다.

32

오늘날 한국 교회의 지도자들이 흐리멍덩한 이유는 죽음을 생각하지 않기 때문입니다. '어떻게 죽어야 할 것인가?' 하는 중요한 명제를 앞에 놓고 진지하게 옷깃을 여미는 겸손이 없기 때문에 오늘날 교역자들이 이렇게 영적으로 힘을 잃어버리는 것입니다.

33

교회만 제대로 서면 교회를 만난 사람들이 제대로 서고, 거룩한 삶이 갖는 능력을 발휘하게 되면 사회도 살아나고 국가도 살아날 것입니다. 위기가 없으면 인물이 태어나지 않습니다. 오늘의 위기는 하나님이 목회자들을 크게 사용하시기 위한 기회가 될 것입니다.

34

지도자는 책상에서 만들어지는 것이 아닙니다. 지도자는 환경에서 만들어지는 것입니다. 진정한 지도자는 위기에서 만들어지는 것입니다.

지금 우리가 처한 상황은 위기입니다. 이 위기를 바로만 사용하면 전무후무한 지도자들이 배출될 수 있습니다. 하지만 이 위기를 감지하지 못하고 그저 적당히 목회하고 넘어간다면 한국 교회의 전망은 어둡습니다.

35

고민해야 합니다.

지금 한국 교회 안에 우리의 가슴을 까맣게 타게 하는 가슴 아픈 일들이 얼마나 많이 일어나고 있습니까? 믿는 사람들의 세계에 얼마나 많은 부조리와 불합리한 일이 일어나고 있습니까? 목회자들의 세계에 주님의 영광을 가리는 일이 얼마나 많이 일어나고 있습니까?

그 원인에 대해 우리는 고민해야 합니다. 하나님의 교회가 교회 되게 해야 합니다. 관행을 거부해야 합니다. 문제의식을 가져야 합니다.

교회(the whole church)는 평신도의 교회입니다. 목사 역시 이 교회를 위해 존재합니다. 목사의 할 일은 평신도가 제자리에 서서 제 역할을 하게 헌신하는 것입니다.

하지만 한국 교회는 오랫동안 평신도를 목회의 대상으로 보았지, 목회의 주체로 보지 않았습니다. 이것이 숫자만 많은 한국 교회가 사회 앞에서 오합지졸로 변해버린 이유입니다. 교회 안에서 자기들끼리 싸우다가 일생을 마치는 것입니다.

문제가 일어나는 교회는 대부분 건강한 평신도를 세우지 못한 교회입니다. 교회는 어떤 고난과 문제를 만나도 극복할 수 있는 자생력이 있습니다.

그러나 어린아이 같은 평신도, 육적인 그리스도인만 우글우글하는 교회는 아주 작은 일만 일어나도 해결하지 못합니다. 서로 얽히고 얽혀서, 하나님이 몸 된 교회를 병들게 만들고, 종국에는 세상 앞에서 비난받게 됩니다.

우리의 선배들이 훌륭한 믿음의 삶을 살긴 했지만, 이상하게도 평신도들을 제자리에 세우는 일에 있어서는 그 역할을 제대로 감당하지 못했습니다.

" 당장 인정하기 힘들더라도 인생에서
만나게 되는 고난은 유익이 있습니다 **"**

1997년 〈안아주심〉독후감 발표회 후 안수기도 █

#37

우리가 신앙생활을 하는 이유가 무엇입니까? 천국 가기 위해서인가요? 그렇지 않습니다. 우리는 구원받았기 때문에 신앙생활을 합니다. 그리고 이 부분에 있어서도 목회자와 평신도가 전혀 다르지 않습니다. 역할이 틀릴 뿐, 신앙생활의 목표가 그리스도를 닮아 가는 것이라는 데 있어서 결코 다르지 않습니다.

#38

제자훈련은 지도하는 목회자나 훈련을 받는 평신도가 다 같이 동참하는 일종의 영적 몸부림이라고 할 수 있습니다.

우리가 육신을 입고 이 세상에서 아무도 완전하게 그리스도를 닮을 수 없습니다. 우리 모두는 똑같아 노상(路上)에 있는 자들인 것입니다. 아직 흠과 티가 없는 완전의 경지에 이르지 못하고 있습니다. 성령의 손에 부서지고 녹아져서 예수님의 모습으로 다시 빚어지는 과정에 있는 자들입니다.

예수 그리스도만이 제자훈련의 주제이며 표준이며 목표입니다. 제자훈련에서 예수님을 빼버리면 남는 것이 하나도 없습니다. 제자훈련은 그 자체가 거듭나는 진통이요, 통회하고 자복하는 골방이요, 하나님의 은혜에 매달리는 겟세마네 동산인 것입니다. 이 사실을 알면 제자훈련을 몇 권의 교제를 마스터하는 프로그램으로만 오해하지는 못할 것입니다.

#39

목사가 가지고 있는 영적 권위는 제도적인 것이 아닙니다. 다시 말하면, 안수 받았다는 것으로 그 권위가 영원토록 존속되는 것이고 인정되는 것이 아닙니다. 우리가 어떤 기관의 대표를 맡았다든지, 다른 사람 보기에 화려한 타이틀을 가지고 있다고 해서 인정받는 권위가 아닙니다.

우리의 권위는 차원이 다릅니다. 우리의 권위는 제도적인 것이 아닙니다. 그것은 영원한 것이 아닙니다. 우리의 권위는 하나님이 우리를 불러서 그의 피로 값 주고 사신 교회를 맡기신 권위입니다. 하나님으로부터 너무나 소중한 책임을 위임받았다는 것에서 우리 권위의 뿌리를 찾아야 합니다. 그러므로 하나님이 맡기신 그 일에 충성 되지 못할 때, 그 권위는 언제든지 빼앗길 수 있는 것이고, 또 실추될 수 있는 것입니다.

하나님이 우리를 불러서 영광스러운 교회를 맡기셨습니까? 그리고 그 교회에 맡기신 사명을 위해서, 또 모든 족속으로 제자 삼으라고 하는 그 엄청난 명령에 우리가 충성스러운 종이 되어 있습니까? 그럴 때 우리의 권위가 살아나는 것입니다.

세상과 구별된 특권과 동시에 하나님의 뜻을 이 땅에 이루기 위해 보냄 받은 소명이 우리에게 있습니다. 그러나 오늘날 대부분의 교회가 구원받았다는 특권만 강조하고, 세상을 정복하라는 부르심은 철저하게 가르치지 못합니다. 제자가 되라고 강조하지 않습니다. 이러니 교인이 많아질수록 오합지졸이 될 수밖에 없는 것입니다.

목 좋은 곳에 하드웨어만 잘 꾸며 놓아도 교회가 안 될 수 없습니다. 사람들이 가득 차 있는 아파트촌에서 교회를 시작하면 안 될 수가 없습니다. 이렇듯 사람은 많이 모입니다. 하지만 교인들을 제대로 훈련시키지도 못하면서 사이즈만 커진다면, 한국 교회가 무력화되는 데에 일조하는 결과 말고 다른 무엇을 기대하겠습니까?

상황이 이러한데도 많은 신학생과 목사 후보자들의 꿈은 '만 명 교회'를 만드는 것입니다. 다른 사람은 몰라도 이런 사람들은 절대 목사가 되어서는 안 됩니다. 북적이던 교회가 한산한 기념관으로 바뀌는 것은 한순간의 일입니다. 유럽을 한 번 보십시오.

기억해야 합니다. 외과 의사는 실수하면 한 사람을 죽이지만, 목사는 실수하면 수천, 수만 명을 죽일 수 있다는 사실을 말입니다.

#41

평신도든, 선교사든, 목회자든 하나님 안에서 새로운 피조물이 되기만 하면 그 사람을 통해서 하나님은 놀라운 역사를 이루십니다. 이것이 바로 기독교 2,000년 역사가 증명하는 하나님의 비전입니다.

한마디로 요약하자면, '한 사람 비전'입니다. 우리는 많은 사람을 통해 하나님이 일하신다고 생각하지만, 역사를 보면 오히려 그와 반대였습니다. 하나님은 한 사람에 주목하시고 그를 준비시키신 후 그 사람을 통해 세계가 깜짝 놀랄 만한 일들을 이루어 오셨습니다. 이것이 지금까지 하나님이 일해 오신 걸음걸음이요, 발자국입니다. 그리고 이것이 또한 우리의 비전이 되어야 할 것입니다.

#42

목회자보다 더 헌신적으로 주님을 섬기고 있는 이들을 볼 때마다 나도 모르게 정신이 번쩍 듭니다. 나는 사례비를 받아 가면서 일하는 사람이고, 그들은 헌금을 내면서 일하는 사람들입니다. 이러다가 주님 앞에 설 때 내 자리가 어디일까 생각하면 두려운 마음마저 듭니다. '목사 기죽이는 사람들…' 그들을 볼 때면 나 혼자 중얼거리는 말입니다.

#43

내 인격이 변하지 않고 내 삶이 바뀌지 않으면 배우지 않은 것입니다. 진정한 교회 교육의 진액은 사람이 변하고 삶이 바뀌는 것입니다. 가르치는 자는 배우는 자가 말씀에 순종할 때까지 책임져야 합니다.

이것이 훈련입니다. 그래서 훈련에는 목적이 있습니다. 예수에게까지 자라도록 인격과 삶의 변화를 추구하는 것입니다. 이것이 제자훈련입니다. 이것을 위해 하나님은 우리 손에 성경을 들려주셨습니다.

#44

제자훈련의 주체는 그리스도입니다. 그 외에 다른 것을 보태면 안 됩니다. 오로지 예수님만 보여야 합니다. 목사의 제자를 만들어서는 안 됩니다. 예수님만이 주체가 되어야 합니다.

전파하고 가르치고 권면하는 예수님의 사역을 그대로 계승하는 것이 제자훈련입니다. 제자훈련의 현장에서는 예수님의 사역이 그대로 재현됩니다. 전파하는 사역(preaching), 가르치는 사역(teaching), 치유하는 사역(healing)이 제자훈련의 현장에 나타나는 것입니다.

전파하는 사역을 통해서 복음을 듣고, 가르치는 사역을 통해 변화 받아, 영과 육이 치유를 얻을 수 있습니다. 권면하는 역사가 일어나며, 이것을 삶에 적용하는 기적이 일어납니다. 주님이 하시던 사역이 재연되는 것입니다. 그리고 개인이 실종되지 않는 예수님 주변의 환경 그대로 소그룹으로 실현돼, '각 사람'을 중시하게 됩니다. 십여 명 정도의 인원이 모여 앉아 말씀을 나누는 그 자리에서 비로소 역사가 일어납니다. 바로 거기에서 교역자가 변합니다.

45

우리는 사람들이 듣기 싫어하는 말은 가급적 안 하려고 하였습니다. 사람들은 경고하는 것을 싫어합니다. 불도 안 났는데 불난다고 말하는 사람을 누가 좋아합니까? 아직 비가 오지 않는데 홍수가 날 거라고 하는 사람을 누가 좋아하겠습니까?

아무도 좋아하지 않으니까 경고하는 예언자적인 역할을 할 수 있는데도 행사하지 않으려고 하는 유혹을 받는 것입니다.

그 결과 걷잡을 수 없는 정신적 타락이 우리 주변을 포위하고, 도무지 주체할 수 없는 도덕적 부패 현상이 우리의 숨통을 조여 오는 이 두려운 환경 속에서도 우리는 그것이 얼마나 무서운 위기인가를 교인들에게 제대로 알려 주지 못하고 있습니다.

46

교회의 권위는 대접받는 데서 생기는 것이 아니라 섬기는 데서 생기는 것이라는 사실을 우리는 종종 망각합니다.

신앙 경력을 자랑하는 사람일수록, 믿음이 좋다고 소문난 사람일수록, 새벽부터 기도 많이 한다는 사람일수록 종으로 섬기시던 예수님을 더 많이 닮아가야 정상인데 실제로 그 반대인 경우가 너무 흔하지 않습니까? 직분을 내세우며 연륜을 내세우며 심지어는 세상 권력을 내세우며 교회에서 상석을 차지하려는 자들이 너무 많지 않습니까?

이처럼 세상 원리가 하나님 나라 원리를 대신하는 우리네 교회에서는 세속적인 냄새가 끊임없이 피어오릅니다. 자연히 전도의 문을 막고 예수의 제자 되기를 스스로 포기한 자들이 큰소리를 치는 이상한 자리가 되는 것입니다.

제자훈련이 무엇입니까? 이와 같은 고질적인 병을 치유하는 것입니다.

제자훈련은 목회자와 평신도 모두를 낮은 자리로 내려앉게 하는 성령의 사역입니다. 제자가 되어 가는 길은 종이 되어 모든 것을 드리고 생명까지 드리는 길입니다.

56_ 문득, 당신이 그리워질 때

47

영적 권위는 조난 당한 현장에 있어야 회복할 수 있습니다.

우리는 이것을 동참의 원리라고도 하고, 성육신의 원리라고도 합니다.

나는 고생 안 하고 고생하는 사람들에게 영적인 권위를 행사할 수 있습니까? 나는 싫어서 피하면서 "너희들은 이렇게 해라"라고 말할 때 그 말에 권위가 있겠습니까?

이것이 목사에게 있어서 가장 어려운 문제라고 생각합니다.

48

변화를 거부하는 자들은 변화를 비판합니다.

그들은 변화를 위협이라고 간주합니다. 이런 사람들은 대개가 그 마음이 완고한 사람들입니다. 본능적으로 발전과 성장을 거부합니다.

49

목사는 강단에서 하나님 나라를 외치는 사람이고, 천당의 화려함과 아름다움과 그 영광을 이야기하면서 세상에서의 고통과 아픔을 위로하는 사역자들입니다.

" 영적 권위는 조난 당한 현장에
있어야 회복할 수 있습니다 "

옥한흠 목사님의 안경과 설교 노트

50

현대 교회의 평신도들은 주의 일과 세상일을 구별하는 이원론에 빠져, 자기는 평생 세상일에 열중하다 심판대 앞에 서야 한다는 죄책감과 불안에서 벗어나지 못하고 있습니다. 그러나 우리 몸은 이미 성령께서 거하시는 성전입니다.

"너희 몸은 너희가 하나님께로부터 받은 바
너희 가운데 계신 성령의 전인 줄을 알지 못하느냐
너희는 너희 자신의 것이 아니라"(고전 6:19).

따라서 우리 몸 안에서, 그리고 우리 몸을 통해 일어나는 모든 일과 생활이 주님께 드려지는 예배인 것입니다.

은혜의 발걸음 I

옥한흠의 허무

옥 목사님은 이미 15세에 인생의 허무함을 느꼈다고 합니다. 15세… 아니, 좋은 꿈만 꾸어도 모자란 나이가 아닌가요?

허무란 인생이 허무하다는 건, 나이가 들어야 흔히 말하는 인생의 쓴맛, 단맛을 다 알고 난 5, 60은 되어야 어느 정도 느끼는 감정이 아닌가요? 옥 목사님의 어린 시절 개인적 상황이 분명 쉽지 않았기에 그토록 어린 나이부터 인생의 허무를 느꼈을지 모른다고 그냥 조심스럽게 추측할 뿐입니다.

하지만 어쩌면 그의 책 전체를 관통하는 중요한 한 가지 단어인 '허무'는 그냥 보통 사람들이 일상에서 느끼면서 푸념하거나 자책하며 달랠 수 있는 그 어떤 것이 아니었습니다. 다시 말해 그분에게 인생의 허무는 단지 허무를 느끼는 감정, 그 자체만이 아니었습니다. 옥 목사님에게 허무는 삶의 가치를 찾는 이유의 시작점이었습니다. 그분에게 허무는 삶의 가치를 찾기

위해서는 반드시 통과해야만 하는 터널이었습니다. 그가 종종 그리움으로 추억했던 어린 시절 받은 '은혜'가 가능했던 이유 또한, 남들과 달리 15세에 느낀 그의 허무가 그 은혜의 시작이자 통로가 되었기 때문이 아닐까 생각해봅니다.

그는 그 누구보다도 인생의 허무를 꿰뚫어 보았습니다. 그러나 동시에 그는 결코 허무주의자는 아니었습니다. 허무의 본질을 꿰뚫어보는 사람은 결코 허무주의자가 될 수 없습니다. 허무라는 감정 속에 빠져 허우적거리지 않기 때문입니다.

허무의 본질을 꿰뚫어 보았기에 결코 허무주의자가 될 수 없었던 사람, 달리 말하면… 그는 허무의 가치를 그 누구보다 가장 잘 파악하고 있는 사람이었습니다.

#허무를 극복하는 힘

옥 목사님을 통해 볼 때 인생의 허무가 반드시 나쁜 것만은 아니구나 하는 생각마저 하게 됩니다. 허무란 결국 빈 공간 때문이고 그 공간을 어떻게든 채우려는 열정을 동반할 수 있기 때문입니다. 그 빈 공간을 채우려는 삶에 대한 열정이 결코 식지 않았음을 의미하기 때문입니다. 달리 말해, 허무를 진하게 아는 인생은 반드시 해야 할 일이 남아있음을 아는 사람이라고도 말할 수 있습니다.

그렇다면 옥 목사님에게 허무의 공간을 채울 수 있도록 한 그 답은 무엇이었을까요? 인생이 허무하다는 그의 결론은 결국 그로 하여금 인생의 허무가 주는 빈 공간을 채울 수 있는 유일한 답, 복음 또는 예수 그리스도에 집착하도록 그의 인생을 오로지 한 방향으로 몰아갔습니다. 그의 글은 온통 예수 그리스도라는 복음 외에 다른 것은 없습니다. 어떻게 그는 이토록 오로지 한 이름, '예수 그리스도'만을 가지고 그의 수십 권

의 책과 수천 편의 설교를 다 채울 수 있었을까요? 어떻게 그게 가능할까요? 그의 수많은 책을 읽고 또 그의 설교를 들은 저로서는 지금도 의아할 뿐입니다. 예수 그리스도라는 그 이름 속에 도대체 얼마나 깊고 넓은 가치가 있기에 그게 가능한지 말입니다.

옥 목사님은 정말 집요하다고밖에 말할 수 없을 정도로 그가 그토록 확신한 인생의 허무를, 그 공간을 오로지 복음으로, 예수 그리스도로만 채우려고 합니다. 그의 수많은 글과 설교의 결론은 언제나 하나로 이어집니다. '네', 바로 예수 그리스도입니다. 그가 짙게 느낀 허무는 그 누구보다 복음에 대한 그의 특별한 철학으로 이어졌습니다. 그리고 복음에 대한 그의 남다른 철학은 오로지 말씀을 통해 예수 그리스도를 더 잘 풀어내겠다는 설교자로서의 집착으로 구현되었습니다.

ⓒ옥한흠

*옥한흠 목사님 책상에 놓여 있던 농부 인형입니다.
아마도 유유자적한 노인의 모습에서 절제된 삶을 사시던
자신이 위로를 받으셨나 봅니다.

PART

은혜
恩惠

하나님의 이름이 영광을 받으시는 곳에서만 우리는 행복할 수 있습니다. 내일에 대한 희망을 가질 수 있습니다. 하나님의 이름이 높임을 받는 그곳에 평화가 있습니다. 사랑이 있습니다. 정의가 있습니다. 이처럼 하나님의 이름이 영광을 받으신다는 것은 우리 자신을 위해서도 너무나 중요한 문제입니다.

CHAPTER 01

은혜로 얻는
강건한 삶

생명이신 예수님에게로 나아가야 합니다

01

우리 앞에는 몹시 어둡고 험한 길이 놓여 있습니다. 좀 더 멀리 밝힐 수 있는 새 등불이 필요합니다. 생의 의미를 바로 파악하고 역사를 바로 해석하고 우리가 발을 들여놓아야 할 자리를 바로 밝혀주는 새로운 등불이 필요합니다.

우리 주변에는 아까운 사람들이 등불을 잘못 들고 다니다 돌이킬 수 없는 길로 빠지는 고통을 맛보고 있습니다. 이것은 불행한 일이 아닐 수 없습니다. 우리는 반드시 알아야 합니다. 하나님의 말씀만이 우리의 길을 바르게 제시하고 앞길을 환히 밝혀주는 진정한 등불입니다.

02

어디 가서나 주님의 존재를 믿을 수 있고, 모든 것을 그분에게 위탁하고, 항상 소망 가운데 즐거워하며 살 수 있는, 적은 믿음을 가진 사람에게는 절대로 인생이 언제까지나 수수께끼만은 아닙니다. 얼마 안 가서 그리스도 안에서 모든 것이 분명해집니다. 그렇기에 우리에게 중요한 것은 우리가 던진 '왜?'라는 질문에 대한 당장의 설명이 아닙니다.

풍랑 속에서도 저 하늘의 별을 세며 내일을 향하여 힘차게 전진할 수 있도록 하는 하나님의 은혜입니다.

03

믿음은 금과 같습니다. 양이 적든 많든 금은 금인 것처럼, 믿음은 하나님이 주신 선물로서 크고 적음에 상관없이 믿음입니다. 다시 말하면 하나님께 받은 믿음이라면 적은 믿음이라도 그것은 여전히 가치 있는 믿음이라는 말입니다.

생각해 보세요. 어떻게 사람이 완전한 믿음을 가질 수 있습니까? 누구에게나 의심도 있을 수 있고, 공포도 있을 수 있습니다. 그런 의미에서 볼 때 주님의 눈에 비친 우리의 모든 믿음은 적은 믿음이지 큰 믿음일 수 없습니다. 그러나 그 믿음이라도 제자들이 가졌기 때문에 위기를 만났을 때 그들은 주님을 깨울 수 있었습니다. 적은 믿음은 우리의 인생 항로에서 기도하게 만듭니다.

04

희망을 잃은 사람에게 기억하고 싶지 않은 일들이 떠오르는 것은 지독한 고문이라고 할 수 있습니다. 이런 경우에는 기억이라는 것이 마귀 하수인의 역할을 감당합니다. '기억'이라는 탈을 쓴 마귀의 하수인은 다시는 생각하고 싶지 않은 사람들의 이름과 사건들을 빽빽이 적은 앞치마를 두르고 등장합니다. 언젠가 자신이 범했던 죄악들, 용서하지 못하고 있는 원한

맺힌 사람들의 이름들, 기억이 날 때마다 허탈감에 빠지게 하는 실패했던 사건들을 조목조목 나열한 추잡한 앞치마를 두르고 손에는 쑥을 짜서 만든 즙을 담은 잔을 들고 찾아오는 것입니다. 이것이 기억이라는 존재입니다. '기억'이 주는 잔인한 고문입니다. 이렇게 되면 지금 처해있는 상황에서 좋은 모습은 눈에 들어오지 않고 나쁜 상황만 계속해서 생각이 납니다. 그동안 하나님의 은혜로 용서할 수 있었던 사람들에게 다시금 원한에 사무치는 생각을 하는 것입니다. 정말 몸서리쳐지는 순간이 아닐 수 없습니다.

여기서 우리는 큰 교훈을 하나 얻습니다. 그것은 우리 모두 겸손해야 한다는 것입니다. 예레미야와 같은 탁월한 믿음의 사람도 절망하며 불평했습니다. 우리 모두가 예레미야의 약점을 다 가지고 있다는 사실을 긍정하고 결코 교만해서는 안 됩니다. 우리도 절망하게 되면 예레미야처럼 정신적 고문을 피할 수 없습니다.

우리의 믿음은 종종 나뭇가지에 달려 바람에 흔들리는 꽃송이와 흡사한 것을 볼 수 있습니다. 하루에도 몇 번씩 흔들립니다. 그러므로 겸손해야 합니다. 겸손함으로 하나님 앞에 무릎 꿇고 기억이라는 마귀의 하수인을 물리쳐야 합니다. 우리의 약함을 인정하고 겸손함으로 하나님께 나아가는 바로 그 길밖에는 없습니다.

＃05

　하나님은 스스로 강하다고 자부하는 자를 사용하지 않습니다. 하나님 없는 독립자, 그는 하나님의 눈에 가장 약한 자입니다. 하나님을 모신 의존자, 그는 세상이 감당치 못하는 강자입니다. 우리의 가시가 무엇이든 간에 그것을 영적으로 잘 이용하면 하나님의 큰 능력을 체험할 수 있습니다.

　육체의 가시가 당신을 약하게 한다는 말을 입 밖에 내지 마십시오. 그것은 마귀의 소리입니다. 하나님은 당신을 무능한 사람으로 만들지 않습니다.

＃06

　자식이 함부로 대하는 부모를 이웃이 공경하는 경우를 봤습니까? 부인이 무시하는 남편을 존경하는 이웃을 보셨어요?

　우리가 진지하게 믿지 않으면 우리의 태도를 보고, 믿지 않는 사람들도 하나님을 무시합니다. 우리가 신실하지 못할 때 또 하나 커다란 문제가 따릅니다. 바로 이 사회가 하나님을 추방해 버리는 것입니다. 우리가 하나님이나 하나님의 방법은 안중에도 없이 세상의 유행이나 풍조를 따라 살면, 사람들은 우리를 보면서 하나님은 없다고 생각합니다. 저는 이것을 현대판 무신론이라고 봅니다.

" 우리의 약함을 인정하고 겸손함으로
하나님께 나아가는 바로 그 길밖에는 없습니다 "

2007년11월 _ 장로섬김수련회

우리는 속사람에 얼마나 관심을 기울이나요? 속사람이 은혜로 강건해야만 겉 사람도 강건할 수 있습니다. 옷을 많이 껴입는다고 감기를 이길 수 있나요? 체질이 강해야 이길 수 있지요. 마찬가지로 이 세상을 살아갈 동안 많은 고난과 역경과 죄악을 이기는 데 필요한 것은 속사람의 강건함이지, 육체적인 건강이나 물질적인 부요함이 아닙니다. 그래서 하나님은 물질을 구하는 사람에게 필요한 물질을 다 주지 않으시고, 고난을 없애 달라고 구하는 사람에게 고난을 남겨 놓으십니다.

정말 중요한 것은 속사람의 강건함이라는 사실을 깨닫게 하기 위함입니다.

08

나의 신앙이 초보일 때에는 무슨 기도든 하면 되는 줄 알았습니다. 그러나 내 신앙이 성숙해질수록 하나님께 드리는 기도가 어렵게 느껴질 때가 많습니다. 성경이 가르치는 기도는 그 주체가 받으시는 하나님께 있습니다. 다시 말해서, 우리의 욕심대로 간청하는 것이 중요한 것이 아니라, 하나님의 뜻에 그 간청이 일치하느냐가 더 중요한 것입니다.

기독교의 기도가 타 종교의 기도와 근본적으로 다른 이유가 바로 여기에 있고, 가끔 기도가 어렵다고 느껴지는 이유도 바로 여기에 있습니다.

#09

신앙생활의 중심에는 십자가가 있어야 합니다. 왜 그렇습니까? 예수님이 나를 위하여 십자가에서 자기 자신을 버리셨기 때문이지요. 그러므로 십자가 없는 생활이란 신앙생활이라고 할 수가 없습니다.

신앙생활이란 내 눈으로 십자가의 주님을 보면서 사는 것입니다. 십자가가 내 눈앞에서 사라지지 않도록 십자가를 중심에 두고 사는 것입니다. 둘러 보세요. 우리가 사는 사회가 지뢰밭과 같잖아요. 거룩하게 산다는 것이 얼마나 어렵습니까?

백 번 결심해도 또 넘어지고, 무서운 악습에 사로잡혀 헤어나지 못하기도 합니다. 무슨 재주로 내가 거룩한 삶을 살 수 있어요? 그러니 힘을 얻어야 합니다. 그 힘은 십자가에서 옵니다.

십자가를 묵상하십시오. 신앙의 중심은 십자가입니다. 십자가를 바라보고 마음 중심에 십자가가 있는 사람은 거룩하게 살아갈 힘, 희생하며 살아갈 힘, 세상을 이길 힘을 얻게 됩니다. 십자가, 이것이 세상을 이기는 복된 삶을 사는 비결입니다.

10

눈물이란 말문이 턱 막힐 때 터지는 것입니다. 말로 표현할수 없는 어떤 벅찬 감격이나 슬픔이 휩싸일 때 자연스럽게 나오는 반응이 눈물입니다.

이런 의미에서 눈물은 그 자체로 완벽한 언어라고 할 수 있습니다. 통역할 필요도 없습니다. 설명할 필요도 없습니다. 눈물 그 자체로 완벽한 표현이 됩니다.

눈물을 부끄럽게 여길 필요가 없습니다. 눈물을 흘리는 것은 수치스러운 일이 아닙니다. 슬퍼도 슬프지 않은 척 노력하는 것은 가식이고, 힘들어도 힘들지 않은 것처럼 행동하는 것은 위선입니다. 울고 싶을 때 맘껏 울어야 합니다. 우는 것은 인생 본연의 모습 중 하나입니다.

11

하나님의 이름이 영광을 받으시는 곳에서만 우리는 행복할수 있습니다. 내일에 대한 희망을 가질 수 있습니다. 하나님의 이름이 높임을 받는 그곳에 평화가 있습니다. 사랑이 있습니다. 정의가 있습니다.

이처럼 하나님의 이름이 영광을 받으신다는 것은 우리 자신을 위해서도 너무나 중요한 문제입니다.

성령에 감동된 하나님의 사람들은 '자연' 그 자체가 하나님의 지혜요, 아름다움이요, 속삭임으로 알고 있습니다. 그러므로 자연을 가까이하면 세상을 가까이하는 것보다 하나님을 더 깊이 사귈 수 있습니다.

하나님의 자녀는 은혜받으면 모두가 시인이요 예술가가 됩니다. 하나님의 사랑에 감동된 가슴을 가지고 있기 때문입니다. 하나님의 사랑을 발견한 사람은 꽃 한 송이를 보고도 감사하고 감동할 수 있습니다.

우리는 하나님이 창조하신 자연 만물을 바라보면서 그의 사랑과 신실하심을 깨달을 수 있습니다. 어둠을 쫓아버리는 저 찬란한 태양을 보면 저절로 하나님의 능력을 찬양하게 됩니다. 저 들판에 피어 있는 향기로운 백합화를 보세요. 소박하게 피어있는 들꽃을 보세요. 평화로운 푸른 초장을 보세요. 그 속에 기쁨이 있습니다. 그 속에 하나님의 능력이 있습니다.

아무리 허탈한 심정으로 길을 나섰던 사람도 자연의 위대함을 발견하면 기쁘게 웃으며 돌아올 수 있습니다. 그런 놀라운 능력이 그 속에 숨어 있는 것입니다.

"주님, 여러 교회 가운데 또 하나의 교회를 보태지 말게 하옵소서, 종교적 허세만 가득하고 정작 생명을 잉태치 못하는 불임의 교회를 또 하나 세우지 말게 하소서. 사람을 위한 직함들만 줄줄이 만들고 정작 그리스도의 제자로 사람을 키우지 못하는 무기력하고 무책임한 교회를 만들지 말게 하소서. 내가 그리스도의 군사라는 명쾌한 자기 인식 없이 행사에 바쁜 사교클럽으로 전락하지 않게 하소서. 그리스도 왕국을 전략적으로 이 땅에 구축하는 야전 벙커가 되게 하시고 행정에 분주한 동사무소가 되지 말게 하소서…"

15

우리는 입으로만 전도하면 안 됩니다. 우리의 삶을 통해서 하나님 나라가 실제로 임하고 있다는 것을 다른 사람이 보고 느낄 수 있어야 합니다. 예수 믿는 사람들이 하나님 나라가 실제로 임하고 있다는 것을 삶의 현장에서 느끼게 하지 않는다면 "주 예수를 믿으라"는 말이 텅 빈 구호처럼 들릴 수밖에 없습니다. 우리는 가난한 자들을 무시해서도 안 되고 고통당하는 자들을 외면해도 안 됩니다. 또 사회 불의와 모순과 더러운 악과 타협해도 안 됩니다. 자기의 안일만을 위해 모든 면에 눈을 감아 버리는 책임 없는 행동은 하면 안 됩니다.

우리는 우리의 삶을 통해서 하나님의 나라가 임하고 있다는 것을 다른 사람들이 느끼게 해야 합니다.

16

성경을 자세히 보십시오. 하나님이 능력을 주셨을 때 사람들은 순종할 수 있었고 하나님으로부터 성령의 충만함을 받았을 때 그들의 입이 열려 하나님을 찬송할 수 있었습니다. 하나님이 진리의 눈을 열어 주셨을 때 사람들은 하나님과 깊은 영교를 할 수 있었으며 하나님이 원수를 무찔러 주셨을 때 그들은 하나님의 이름을 높이며 기뻐할 수 있었습니다.

우리도 마찬가지입니다. 우리 힘만으로는 하나님의 이름에 합당한 영광을 돌릴 수가 없습니다. 은혜를 받아야 합니다.

17

흔히들 기도를 영혼의 호흡이라고 말합니다. 통풍이 잘 안되는 방에서 화초가 시들해지듯이 기도하기를 게을리하는 사람은 그 영혼에 호흡장애가 일어나서 결국은 그 영이 시들해 버리는 것입니다.

18

누가 심령이 가난한 자입니까? 자기가 죄인이라는 것을 아는 사람입니다. 누가 심령이 가난한 자입니까? 자기가 사는 세상에는 인생의 궁극적이 목적이 존재하지 않는다는 사실을 긍정하는 사람입니다. 누가 하나님 앞에 겸손한 자요, 심령이 가난한 자입니까? 하나님 앞에서 자기 자신은 아무 가치가 없다는 것을 시인하는 사람입니다. 그리고는 예수 그리스도의 십자가를 붙들고 구원받기를 사모하는 사람이 심령이 가난한 자입니다.

사실 우리가 신앙생활을 한다고 하지만 가만히 있는데 사랑이 막 흘러넘치고, 가만히 있는데 저절로 진실한 사람이 되는 것은 아니지요. 그래서 훈련이 필요합니다. 훈련을 통해 사랑으로 행하는 법을 배우고, 훈련을 통해 진실하게 사는 법을 배우면서 점점 예수님을 닮아가는 거예요.

제자로서 가르침을 받고, 받은 것을 삶에 적용해서 지키다 보면 조금씩 사랑으로 행하고 범사에 참된 것을 말하면서 주님을 닮은 아름다운 모습이 되어 갑니다.

20

어떻게 해야 우리가 하나님 뜻을 전적으로 순종하는 사람
이 될 수 있을까요?

첫째, 하나님을 사랑할 수 있어야 합니다.
둘째, 하나님의 중심이 어디에 있는가를 확인해야 합니다.
셋째, 당신의 인생 방향과 목표를 하나님의 중심에 맞추어야
　　　합니다.
넷째, 날마다 부딪치는 실제적인 일들을 하나님의
　　　인도 하심에 전적으로 맡기십시오.
다섯째, 날마다 말씀과 기도를 통하여 하나님의 뜻에서
　　　　벗어나지 않는지 점검하십시오.

만일 잘못되었으면 즉시 궤도를 수정해야 합니다.

21

몸이 따뜻해지려면 불 가까이 가야 하지 않습니까? 몸을 적
시려면 물속에 들어가야 하지 않습니까? 영생을 얻고 싶으면
생명이신 예수님에게로 나아가야 합니다.

22

분명히 알아야 할 것이 있습니다. 예수님이 그의 나라와 그이 의를 위해 먼저 구하라고 하신 말씀은 염려의 종이 되지 말라는 경고라는 사실입니다.

우리가 먹고 마시는 문제를 기도하지 않아도 된다는 의미로 말씀하신 것은 아닙니다. 그런 의미로 우리가 기도하는 일용할 양식의 정도는 하나님의 자녀가 이 세상을 살면서 영혼을 해치지 않고 동시에 건강도 유지할 수 있는 적정선의 경제능력입니다. 우리가 배불러서 '하나님을 모른다. 하나님이 누구냐' 하고 교만하지 않을 수 있는 적정선, 반대로 너무 가난해서 도적질하고 또 하나님의 이름을 욕되게 하지 않을 수 있는 적정선, 이것을 유지하는 것이 '일용할 양식'입니다

23

우리에게는 기도하지 않으면 안 될 취약점이 있습니다.

첫째, 우리에게는 시험의 정체조차 분별하지 못하는 연약함이 있습니다.

둘째, 설혹 그것이 시험이라는 것을 알았다 해도 우리 중 대부분은 알면서 끌려 들어간다는 사실입니다. 시험인 줄 알면서도 돌아서지 못하는 것이 우리의 문제점입니다.

24

예를 들어 화력발전소와 같은 엄청난 시설을 만들어 놓고 그 전력을 날마다 어떤 가정집에만 공급해 주어 사용하게 한다면 얼마나 난센스 같은 이야기입니까? 큰 발전소를 개인이 혼자서 쓰고 있다니 얼마나 큰 손해입니까? 기도도 이와 마찬가지입니다. 이 기도의 능력을 가지고 나만을 위해 사용한다는 것은 제사장의 신분에 어울리지 않는 일일 뿐만 아니라 기도의 능력 자체에도 걸맞지 않은 것입니다.

우리가 다 같이 우려해야 할 위험한 함정이 방법론을 지나치게 내세우는 기도 생활에 숨어 있다는 사실을 알아야 합니다. '어떻게 기도할 것인가'가 '무엇을 기도할 것인가'보다 더 중요한 것처럼 착각하기 쉽다는 사실입니다. 이것은 성경 말씀이 가르치는 기도의 정도(正道)라 할 수 없습니다.

대개의 기도가 자기중심적인 생각으로 끝까지 이어져 버리는 이유가 여기에 있습니다. 그 결과 얼마나 많은 기도가 과녁을 빗나간 화살처럼 되어 버렸는지 모릅니다. 얼마나 많은 기도가 타 종교에서 볼 수 있는 일종의 기구(祈求)나 다름없는 자기 몸부림으로 끝나 버리는지 모릅니다.

하나님께서 주신 제사장의 영광스러운 신분을 함부로 땅에 굴리지 마십시오. 죄와 타협하지 마시고, 세상 사람들의 사고방식을 그대로 추종하지 마십시오.

대궐 같은 집에 초대받아 가 보면 뜻밖에 그 집에 사는 사람들의 내면은 말할 수 없이 황폐한 경우를 가끔 볼 수 있습니다. 차라리 작은 집에 살면서 하나님 나라의 곳간에 재물을 쌓는 생활을 했다면, 그 사람의 제사장 신분이 얼마나 영광스럽게 보이겠습니까? 우리는 믿지 않는 자들과 삶의 패턴이 완전히 다른 존재들입니다. 결코, 더럽혀지거나 세상 사람의 발밑에 짓밟히는 존재가 되어서는 안 됩니다.

여러분 모두 하나님께서 선택하신 거룩한 제사장답게 남은 생을 사는 성도가 되시기 바랍니다.

27

믿음 좋은 사람은 일을 열심히 하는 사람입니다. 일이 마음에 들지 않는다고 마지못해 대충대충 하며 놀고먹는 사람이 아무리 새벽 기도회 시간에 나와서 기도 많이 하고, 교회 봉사 많이 해도 그 사람을 보고 믿은 좋다는 말을 할 수가 없습니다.

우리 예수 믿는 사람의 노동 철학은 다릅니다. 무슨 일이든지 손에 잡으면 최선을 다하는 바로 그것입니다. 저는 솔직히 하나님께서 목사 일을 그만두게 하셔서 가족의 생계를 책임져야 하는 처지가 된다면 무슨 일이든지 할 수 있을 것 같습니다. 청소부도 자신 있습니다. 뭐가 부끄럽습니까? 사시사철 한결같이 새벽부터 거리에 나와서 우리의 환경을 깨끗이 청소해 주는 환경미화원들, 그들이 있기에 우리 사회가 존재하는 것 아닙니까? 그들이야말로 진정 우리 사회를 위해서 꼭 필요한 사람입니다.

무슨 일이든지 하나님이 맡겨 주신 줄 알고 최선을 다하는 사람, 이 사람이 곧 믿음 좋은 사람입니다.

ⓒ옥한흠

CHAPTER 02

은혜를
마음으로 받는 사람

은혜는 마음으로 젖어 들어와야 합니다

28

우리에게는 위기의식이 필요합니다. 이 땅 위에 사는 것이 덧없고 아무것도 아니라는 것을 깨달아야 합니다. 자기만족에서 깨어나 뜨거운 사람으로 바뀌어야 합니다.

위기나 고통이 없다면 사람들은 미지근해져 영적으로 깊은 잠에 빠지기 쉽습니다. 이런 사람들을 주님이 좋아하실 리가 없습니다. 주님은 자기를 향해 가슴이 뜨겁게 열려있는 사람을 좋아하십니다. 그런 의미로 볼 때 행동이 뜨겁다는 것은 막연히 '마음이 뜨겁다', '감정이 풍부하다'는 뜻이 아닙니다. 우리의 삶 전체가 주님을 향해 뜨겁게 움직인다는 뜻입니다. 주님을 향해 적극적이라는 뜻입니다. 주님은 이렇게 뜨거운 사람을 원하십니다.

29

예수를 부인하는 것은 베드로가 처해 있던 두려운 분위기에서만 일어날 수 있는 것이 아닙니다. 평안하고 태평스러운 환경에서도 예수를 부인할 수 있습니다.

따라서 우리는 예수를 부인하는 문제가 강 건너의 불이 아니라 바로 우리 발등에 떨어진 불일 수 있다는 사실을 주지해야 합니다.

30

사람들은 흔히 좋은 것은 진열장에 놓는 버릇이 있습니다. 옛날에 우리 경제 수준이 좀 낮았을 때는 조금 산다고 하는 집에 가보면 피아노가 응접실에 있었는데, 조금 지나니까 냉장고가, 그다음에는 컬러TV가, 지금은 컴퓨터가…, 하여튼 사람들은 좋은 것이면 다른 사람에게 보여 주고 싶어서 진열하는 버릇이 있습니다.

교회도 마찬가지입니다. 많은 사람이 주보에 나오는 여러 가지 통계자료, 그다음에는 교회 건물, 또 교인들의 모습을 보면서 판단하기를 좋아합니다. 마치 진열장에 갖다 놓은 상품들을 보며 이렇다저렇다 평을 하는 것과 같습니다. 그런데 과연 주님이 진열장의 상품을 보실까요? 주님이 교인 숫자를 보시고, 헌금 액수를 보실까요? 주님이 보시는 것은 사람들이 볼 수 없는 아주 깊은 내면입니다.

기도가 필요할 때 찾아가야 할 곳이 어디입니까? 기도의 골방입니다. 당신에게는 기도의 골방이 준비되어 있습니까? 시간 가는 줄 모르고 어느 시간이든지 하나님 앞에 엎드릴 수 있는 기도의 골방이 있습니까? 목이 컬컬하거나 마음이 답답할 때 들어가서 실컷 마시고 나올 수 있는 은혜의 생수가 있습니까? 기도가 무엇인지 모르는 사람은 이기지 못합니다. 이길 수 없습니다.

다니엘은 기도함으로써 어떤 도전 앞에서도 두려워하지 않는 용기를 얻을 수 있었습니다.

32

하나님 나라에 들어가려면 많은 값이 지불됩니다. 주님은 우리를 위해 모든 것을 주셨기에 우리의 모든 것을 요구하십니다. 하나님 나라의 영광이 너무나 아름다워서 이 세상 전부를 다 바쳐야만 얻을 수 있습니다.

쾌락과 부귀영화와 이 세상의 권력을 하나님보다 더 사랑하는 사람은 이 세상에서는 잘 살지 모르지만, 영원한 나라의 영공은 잃어버립니다.

우리가 마지막 날에 천국 문 앞에 서면 주님이 우리의 손목을 잡고 인도하실 것입니다. "끝까지 잘 참고 견뎠구나, 내가 너에게 마지막으로 주려고 하는 영광이 얼마나 큰지 한번 들어와 봐라, 세상에서 잠깐 살면서 네가 누리려고 했던 영광에 비교가 되느냐?"고 말씀하실 것입니다.

#33

예수님의 가치관을 이해하는 것은 매우 어렵습니다. 예수님의 가치관은 혁명적인 것입니다. 다시 말해 우리가 처해있는 일반적인 상황, 곧 평범한 상황에서는 그 말씀을 이해하기 어렵다는 말입니다.

비범한 예술 작품들이 창작된 당대에는 빛을 보지 못하다가 작품을 창작한 예술가가 죽고, 적지 않은 세월이 흐른 후에야 비로소 참된 가치를 인정받는 경우를 봅니다. 이런 작품들은 가히 혁명적인 작품입니다. 이런 작품을 창작한 예술가는 그야말로 멀리 내다보는 눈을 가진 사람입니다. 현실에 매여있던 그 당시의 사람들이 도저히 그 작품의 가치를 깨닫지 못하는 것입니다.

우리가 예수님의 가치관을 쉽게 이해하지 못하는 것도 바로 이런 이치라고 말할 수 있습니다.

#34

예수 믿는 사람 가운데 마음이 근본적으로 변하지 않은 사람은 소라게처럼 자주 자기 집을 바꾸는 버릇이 있습니다.

주일을 맞으면 주일에 뒤집어쓰고 갈 수 있는 껍데기, 다시 말해 예수 믿는 행세를 하는 껍데기를 뒤집어쓰고, 월요일이 되면 이번에는 세상에서 부담 없이 살 수 있는 껍데기가 필요합니다. 글쎄, 그 껍데기가 어떻게 생겼는지 모르지만, 하여튼 옷을 바꿔 입는 것입니다. 그래야만 마음 편하게 살 수 있으니까요.

신자의 옷은 하나뿐입니다. 예수 그리스도의 옷, 그것뿐입니다. 어디든지 그 옷을 입고 다녀야 합니다. 그렇게 하려면 육신보다 영혼, 현세보다 영원, 자기보다 하나님께 중심을 두어야 합니다. 그래야 어느 곳에서나 하나님의 영광을 위해 살 수 있습니다.

당신은 어떤 상황에 놓여 있습니까? 만약 당신이 소라게처럼 껍데기를 자꾸 갈아야 할 상황이라면 이것은 영적으로 마음이 변하지 않았다는 증거입니다. 이런 사람은 매사에 주님 중심으로 우선순위를 정하시고 사는 것이 불가능합니다.

35

기도가 무엇입니까? 기도는 시험당하는 자들을 돕기 위해 기다리고 계시는 주님 앞으로 나가는 것입니다. 그런데 이 기도를 하지 않는 것은 '주님, 도와주지 않으셔도 돼요'라는 교만을 나타내는 것이나 다름없습니다.

36

신자의 비극은 대개 하나님으로부터 받은 은혜가 적은 데 이유가 있지 않습니다. 하나님으로부터 받은 은혜를 지키지 못하는 데 그 이유가 있습니다.

신자는 하나님으로부터 모든 것을 다 받은 사람입니다. 받지 않은 것이 없습니다. 지금 손안에 없다고 해서 받지 않은 것이 아닙니다. 하나님의 손안에 있는 것은 이미 우리가 받은 것이나 다름없기 때문입니다. 우리가 이 험한 세상을 살아갈 동안 하나님은 우리에게 필요한 능력을 주시고 보호해 주십니다.

우리가 어려운 일을 당할 때마다 하나님께 기도하면 들어주시고 하늘에 속한 신령한 축복을 허락하십니다. 하나님은 이미 은혜를 가득가득 부어주셨습니다. 그런데 왜 많은 신자의 마음속에 기쁨이 없을까요? 왜 많은 신자가 자주자주 혼란에 빠지고 고통받을까요? 하나님으로부터 받은 것을 바로 지키지 못하기 때문입니다. 시험에 걸려 넘어지기 때문에 하나님으로부터 받은 은혜를 지키지 못하는 것입니다.

37

그리스도께 마음이 있는 사람은 문제가 없기를 바라는 사람이 아닙니다. 오히려 크고 작은 문제들이 다가와도 마음의 평안을 잃지 않는 사람입니다. 하나님의 능력을 갖추고 모든 문제를 극복해 나가고 이겨내는 사람입니다. 이 사람이야말로 진정한 그리스도인입니다.

38

등불도 끄고 태양도 들어오지 않는 곳에서 화장을 한번 해 보세요. 자신 있습니까? 좋은 화장품 다 갖다 줄 테니 한번 해 보세요. 얼마나 잘할 수 있는지요. 그 어둠 속에서 화장을 다 해놓고 '나는 너무나 예쁘고 아름답다'고 생각하겠지요. 어둠 속에서는 자기 마음대로 화장을 하고 자기 스스로 만족을 할 겁니다. 그러나 불을 한번 켜고 자신을 보십시오.

하나님 앞에 나오기 전에는 너무 잘났어요. 의롭고 선합니다. 그러나 하나님의 빛 앞에 나아와 당신의 모습을 주의 깊게 보십시오. 누가 감히 얼굴을 들 수 있습니까?

기도하는 사람은 침묵해야 할 때를 알고 소리 내어야 할 때를 압니다. 기도하는 사람은 피해야 할 때를 알고 맞서야 할 때를 분별합니다.

40

믿는다는 것은 머리로 막연히 긍정하는 정도에서 끝나는 것이 아닙니다. 흔히들 믿음을 '사랑'과 많이 비교합니다. 사랑이 진짜 사랑이 되려면 그 속에 무엇이 담겨야 합니까? 마음이 담겨야죠. 마음은 자기 인격의 전부입니다. 나의 전부가 담겨야 합니다. 이것처럼 기독교에서 말하는 믿음은, "나를 온통 그분에게 준다"는 말입니다. 이것이 기독교에서 말하는 믿음입니다.

머리로만 알아서, '예수님이 십자가에서 죽었다가 사흘 만에 살아났지. 나도 성경 그거 다 알아' 하는 것이 믿음이 아닙니다. 그건 막연히 지적으로 동의하고 수긍하는 것일 뿐입니다. 기독교에서 말하는 믿음은 자기를 온전히 주는 것입니다.

41

우리가 작아지고 사람의 힘이 빠져야 하나님의 능력이 들어 옵니다. 나의 힘이 어떤 일을 하지 못할 만큼 작아졌을 때 비로소 하나님이 역사하십니다. 그래서 하나님은 작은 자를 찾으시는 것 같습니다.

우리의 경험으로 볼 때 사람의 힘이 강하면 하나님의 능력이 이상하게도 상대적으로 약화하는 것을 자주 봅니다.

"기독교에서 말하는 믿음은
자기를 온전히 주는 것입니다"

2004년 9월 북카페사랑플러스 오픈식

#42

비판을 받을 때 우리가 가장 쉽게 빠질 수 있는 유혹은 포기하는 것입니다. 미리 겁을 먹고 손을 터는 것입니다.

#43

분명히 말하고 싶습니다. 저는 나팔을 불고 싶습니다. 왜냐하면, 우리 앞에 위기가 다가오고 있기 때문입니다.

종말이 위기라는 것이 아닙니다. 준비하고 있지 않은 우리들의 자세가 위기라는 말입니다. 이 세상의 마지막이 비극이라는 것이 아닙니다. 기독교에서는 종말을 절대 비극이라고 말하지 않습니다. 그것은 비극이 아닙니다. 오히려 그것을 비극으로 만드는 것은 나 자신입니다. 준비하지 않는 나 자신, 무관심한 나 자신입니다.

#44

성령을 다 아는 사람은 아무도 없습니다. 우리가 성령에 대한 몇 권의 책을 읽었다고 해서 성령에 대해 다 아는 것처럼 여긴다면 그것은 큰 오산입니다. 사람들끼리 10년을 사귀어도 그 사람에 대해서 잘 모릅니다. 이처럼 모든 것을 다 아는 것처럼

여겨지는 사람에 대해서도 모르는 것이 많은데, 하물며 하나님
이시오, 영이시오, 완전한 인격이신 성령을 우리가 다 알고 있
다고 하는 것은 크나큰 교만입니다.

＃45

하나님을 갈망합시다. 하나님을 만나지 않고는 견딜 수 없
는 절박한 사슴의 마음을 가지고 하나님께 매달립시다. 그리하
면 하나님께서 하늘에 쌓아두신 놀라운 은혜와 축복을 여러분
에게 쏟아 부어 주실 줄 믿습니다.

여러분만 바로 되고, 여러분만 하나님의 손에 붙들리면, 여
러분만 하나님의 능력을 입으면, 아무리 현실이 어두워 보이고
낙망 되게 보일지라도 소망이 있습니다. 성령의 능력이 임하셔
서 그동안 지치고 낙망하고 불안해하던 여러분을 치유해 주시
길 간절히 바랍니다.

＃46

기독교의 감동은 우리가 얼마나 세상 사람과 다른가에서
드러납니다. 우리가 무엇이 어떻게 다른가를 보여 줄 때 세상
이 반응합니다. 그리고 세상이 감동 받습니다.

47

은혜는 마음으로 젖어 들어와야 합니다. 나의 전 인격이 흔들릴 정도로 강한 것이 은혜입니다. 이 은혜를 아는 교역자가 있고, 모르는 교역자가 있습니다. 틀림없는 사실입니다.

은혜를 아는 사람인가, 모르는 사람인가를 테스트하는 방법은 여러 가지가 있는데 그중에서 다음 네 가지에 대해 말씀드리겠습니다.

첫째, 진짜 은혜를 체험한 사람은 죄책감에서 자유롭습니다.
둘째, 진짜 은혜를 체험한 사람은 열등감에서 자유롭습니다.
셋째, 진짜 은혜를 체험한 사람은 정말로 충성합니다.
넷째, 진짜 은혜를 체험한 사람은 자랑하지 않습니다.

은혜가 우리를 살립니다. 죄책감에서 자유롭게 합니다. 자기 자랑을 하지 않게 합니다. 충성 되게 만듭니다. 열등감에서 벗어나게 합니다.

48

영적인 방심은 영혼이 졸고 있다는 증거입니다. 쉽게 말해 신앙이 미지근해졌다는 것입니다. 신앙생활의 매력을 잃어버렸다는 것입니다. 세상맛에, 세상 재미에 마음이 자꾸 끌린다는 말입니다. 그래서 기도에 점점 게을러집니다. 하나님의 말씀도 점점 멀리합니다. 예수 믿는 사람과의 교제도 점점 뜸해집니다. 그리고 하나님과 거리를 두고 싶다는 생각에 마음을 엉뚱한 데로 돌립니다.

영적으로 방심하면, 대신 육신의 정욕이 힘을 얻게 됩니다. 거룩의 힘이 약해지면 탐심이 강해집니다.

#49

참으로 "예수님을 닮는다, 예수님을 본받는다." 한다면 사시사철, 24시간 예수 그리스도를 응시하는 영의 눈을 가지고 있어야 합니다. 마치 태양계의 행성이 항상 태양을 바라보면서 도는 것처럼 예수 그리스도를 응시하는 내면의 눈이 있어야 합니다.

그분에게서 눈을 떼지 않고, 그분만을 바라보고, 그분을 닮으려고 전력투구해야 한다는 이야기입니다.

#50

당신의 영적 상태는 어떻습니까? 방심하고 있지 않습니까? 믿음보다 정욕이, 거룩 보다 탐욕이 마음을 지배하고 있지 않습니까? 그렇다면 위험합니다. 하나님께서 급하게 외치는 목소리를 들으십시오.

"근신하라 깨어라 너희 대적 마귀가 우는 사자 같이 두루 다니며 삼킬 자를 찾나니 너희는 믿음을 굳건하게 하여 그를 대적하라"(벧전5:8, 9).

하나님께서는 이 순간 방심하고 있는 자들을 향해 외치십니다. 영적으로 잠자고 있는 자들을 향해 외치십니다. 신앙의 재미를 못 느끼는 자, 미지근한 자, 게으른 자, 세상에 대해 눈을 돌리는 자를 향해 외치십니다. 기억하십시오, 이런 위험한 순간에 이르지 않으려면 영적 긴장을 풀지 말아야 합니다.

#51

어제와 오늘의 인생이 완전히 바뀌는 것이 믿음입니다. 이것은 기적처럼 일어나는 현상이 아니라 우리의 의지를 통해 행동으로 드러나는 믿음의 과정입니다.

52

우리 모두가 예수와 함께 죽고, 예수와 함께 살고, 예수와 함께 감추어 있고, 예수와 함께 나타날 사람이라면 달라야 합니다. 다를 수밖에 없습니다.

돈을 보는 눈이 달라야 합니다.
명예를 보는 눈이 달라야 합니다.
좋은 집에서 사는 것을 보는 눈이 달라야 합니다.
세상에서 유명해지는 것을 보는 눈이 달라야 합니다.
세상의 모든 가치를 평가하는 눈이 달라야 합니다.
심지어 우리가 당하는 실패를 보는 눈도 달라야 합니다.
고통을 보는 눈도 달라야 합니다.

이처럼 모든 것이 달라야 합니다. 그럴 때 사람들이 감동을 느낍니다.

만일 우리와 접촉하면서도 그들이 자신과 별 차이를 느끼지 못한다면 아무런 감동을 받지 못할 것입니다. 감동이 없는 곳에는 역사도 일어날 수 없습니다. '정말 다르구나. 정말 무언가 달라'하고 느낄 때는 이미 감동을 받은 것입니다.

다름이 있을 때 감동이 있습니다.

**"하나님은 이미 은혜를
가득가득 부어주셨습니다"**

　나의 신앙생활에서도 이러면 안 되겠다는 고민이 있습니까? 성경을 봐도 도무지 눈에 들어오지 않습니까? 예배가 지루합니까? 예수는 믿는데 마음에 기쁨과 감사가 없어 날마다 짜증이 납니까?

　이것은 영적인 빈혈을 알리는 증세입니다. 이럴 때 은혜를 사모하기 위해서 한두 끼 금식하면서 하나님 앞에 엎드려 깊이 말씀을 묵상해 보십시오. 먹는 것과는 비교도 안 되는 놀라운 은혜를 주실 것입니다. 그래서 '금식기도는 필요하다. 하나님이 하라, 하지 말라 명령하는 것은 아니지만 필요하다'는 사실을 인식하고, 각자 이 사실을 적용하면서 아름다운 은혜를 경험하기를 바랍니다.

은혜의 발걸음 Ⅱ

옥한흠의 '자기성찰'

그분은 자기 자신에게 항상 엄격하게 경계하는 마음으로 스스로 채찍질했습니다. 그분의 글에 자주 등장하는 '바울처럼 날마다 자기를 쳐서 죽인다'라는 말을 자신의 삶 속에 실제로 실천하며 살았습니다. 그럴 수 있었기에 그분의 글과 설교는 읽거나 듣는 사람에게 자기 성찰과 반성을 일으킬 수밖에 없습니다.

보편적인 사람들이 자기애적 이기심으로 뭉쳐져 있음을 생각하면 그의 자기부인과 자기희생은 동시에 적잖은 부담감으로 청중에게 다가옵니다. 만약 그의 말씀을 듣고도 이런 부담감마저 느끼지 못한다면 그 사람은 이미 자기합리화가 더는 어떻게 할 수 없을 정도로 화석화된 인간이라고밖에 말할 수 없을 것입니다. 그런 자기부인과 자기성찰은 그의 목회와 신학 속에서 '한 사람 철학' 또는 '작은 예수'라는 표현으로 구체화하였습니다. 그리고 그분이 걸어가려 했던 작은 예수가 되는

그 길을 그는 자기 혼자가 아닌 모든 사람이 함께 걸어가기 원했습니다.

예수를 믿는 모든 평신도를 작은 예수로 만들고자 하는 그의 몸부림을 우리는 그가 평생 외친 '제자도'를 통해 생생하게 볼 수 있습니다. 작은 예수를 향한 확신 속에 몸부림에 가까운 삶을 산 목회자 옥한흠은 그 누구보다 세상의 부정적 면, 악을 꿰뚫어 보았습니다. 작은 예수를 향한 거룩한 열망을 단숨에 끊고도 남는 강한 세상 악의 힘을 그 누구보다 잘 이해하고 있었습니다. 그렇기에 그의 말에는 특히나 '~하지 마십시오'라는 표현이 많습니다. 반면 그는 언제나 '이렇게 ~합시다'라는 해법을 제시합니다.

악한 세상의 본질을 알지만 동시에 그 악을 넉넉히 이기고도 남는 복음의 힘을 의지한 그를 저는 '복음 해법으로 무장한 학자', 또는 '하늘 긍정 주의자'라고 부르고 싶습니다. 그 예로 그분이 상암에서 부르짖었던 기도가, 부정이 가득한 세상에 대한 회개만이 아니라 그 기도의 이면에는 무엇보다 이 악한 세상 속에서 예수님이 이미 이루신 복음의 능력으로 완전히 채우고 싶다는 간절함이 분명히 숨겨져 있지 않습니까?

옥한흠을 이해하는 또 하나의 키워드, '고통'

세상에서는 결코 영생할 수 없고 하늘에만 영생이 있음을 알았기에 그는 이 세상 그 누구보다 고독했는지도 모릅니다. 인생의 진실을 꿰뚫어 본 사람만이 느낄 수 있는 외로움은 어쩌면 그가 평생 짊어지고 살아야만 했을 숙명인지도 모르겠습니다. 그래서 그런지 그는 수많은 글에서 인생의 허무와 함께 인생의 고독을 말하고 있습니다. 또한, 고독 못지않게 자주 나오는 단어인 '고통'에 대한 견해를 보면 고통의 상대성을 그 누구보다 잘 이해하고 있음을 알 수 있습니다.

하지만 그가 말하는 고통은 결코 부정적 의미로만 생각할 수 없습니다. 고통 또한 최선의 가치로 이끄는 관문으로 받아들이고 있기 때문입니다.

그렇습니다. 그에게 고통 또한 허무와 마찬가지로 궁극적 인생의 해답으로 이끄는 중요한 매개체입니다. 달리 말해 예수 그리스도라는 복음, 궁극적인 인생에의 해답으로 나아가는 데 가장 즐겨 사용한 또 하나의 단어가 바로 '고통'입니다. 어쩌면 당신이 평생을 육체적 가시 속에서 살았기에 고통이라는 단어는 특별한 의미를 가졌는지 모르겠습니다.

결국, 그가 어린 시절부터 느낀 짙은 '허무감'과 그의 인생 전체를 점철했던 '고통', 이 두 단어는 그에게 있어서 누구라도 예수 그리스도를 향해 달려가도록 하는 쌍두마차였는지도 모르겠습니다.

*옥한흠 목사님이 미국 칼빈신학교에서
유학 시절 사용하셨던 타자기입니다.
한 자 한 자 눌러 쓰셨을 목사님의 손끝이
담겨 있는 유품입니다.

인생

人生

3

신자의 본질은 해바라기와 같다고 생각합니다. 해바라기가 아침에 해가 떠 오르면 동쪽으로 고개를 돌렸다가 그 해가 가는 대로 계속 따라다니는 것처럼 예수님을 믿는 사람은 날마다 그 마음이 이 세상이 아닌, 하나님 나라를 향하는 버릇이 있습니다.

CHAPTER 01

인생을
길게 사는 방법

인생은 빛과 어둠의 조화입니다

01

기독교는 행복을 위한 도피처가 아닙니다. 그렇다고 고난을 피하는 샛길도 아닙니다. 자기의 유익을 위해서 예수님을 믿는 자는 하나님께서 광야를 통하여 산산이 부서뜨리시고 다시 만드십니다. 그런 뒤에 그리스도 안에서 주시는 축복을 받도록 하십시다.

하나님은 절대 속지 않으십니다. 그렇기에 정말 우리 모두가 반성하십시다. 광야의 의미를 바로 알아야 합니다.

02

자기의 불행이 다른 사람의 탓이라고 생각하는 은근한 피해의식이 많은 사람의 가슴 속에 숨어 있습니다. 그래서 분노합니다. 원망합니다. 울분을 갖고 삽니다. 이것은 자기 자신을 망치는 일입니다. 자기가 자기를 지킬 수 있어야 합니다. 어떤 원망도 분노도 자신을 해치지 못하도록 막아야 합니다.

이것이 강한 자요, 승리자입니다. 다른 사람이 자기의 가슴에 비수를 꽂았는데 그 비수를 뽑아내지는 아니하고 두 손으로 그것을 움켜쥐고 더 깊이 밀어 넣는 사람은 어리석은 사람입니다. 우리 인간 대부분의 불행은 자기 자신이 스스로 불러들이는 것입니다. 우리가 이것을 알아야 합니다.

밤을 만난 인간은 결코 자기 힘으로는 노래할 수 없습니다. 오로지 하나님께서만 그의 자녀로 그 밤에 노래하게 하십니다.

눈물의 감격과 감사는 이러한 밤중에만 이루어질 수 있는 것입니다. 밤에 부르는 노래는 특이한 데가 있습니다. 처절한 심령의 메아리가 동반됩니다. 밤중에 들리는 노래는 가볍게 들리지 않습니다. 마음을 파고들어 옵니다. 우리가 형통할 때 부르는 찬송은 은혜스럽지만 그런 찬송은 입에서만 나오는 찬송이기 쉽습니다. 그러나 밤에 부르는 찬송, 고난을 겪을 때, 사랑하는 자를 잃어버렸을 때, 실패를 당했을 때, 건강이 좋지 않을 때, 앞날이 막막할 때 하나님이 주시는 능력을 갖추고 부르는 찬송은 영혼에서 나오는 찬송입니다. 이것은 정말 신기한 찬송입니다. 그래서 하나님께서도 이 밤의 노래를 좋아하십니다.

인생의 밤이 왔을 때 노래하십시오. 밤은 잠깐 지나가고 찬란한 태양이 떠오르는 아침이 밝아올 것입니다. 이와 같은 놀라운 찬송의 은혜가 우리 안에 넘치기를 바랍니다.

04

기독교는 자기의 구미에 맞는 형통이나 복을 받는 수단으로 믿는 종교가 아닙니다. 오늘 현대 교회 안에 기독교를 자기

중심적인 수단으로 사용하는 그리스도인이 많다는 것은 통탄할 일입니다. 기독교의 신앙은 안일의 수단이 아니라, 승리의 수단입니다. 기독교의 신앙은 세상에 빠지는 어떤 수단이 아니라, 세상 위를 날아가는 수단입니다.

05

끔찍한 벌레가 지나가더라도 그 벌레를 자세히 보세요. 그 흉하게 생긴 놈이라도 그 속에 조물주가 만들어놓은 기묘한 아름다움이 있습니다. 마찬가지로 우리가 일생을 살면서 겪는 모든 환경에는 그것이 천하든 존귀하든 간에 적어도 한두 가지는 꼭 감사할 조건이 들어 있다고 저는 확신합니다.

06

준비하기 가장 어려운 것은 역시 죽음인 것 같습니다. 따라서 연습이 필요하다면, 일어나지 않을 수도 있는 전쟁에 대한 민방위 훈련이 아니라 누구에게나 반드시 찾아오고야 마는 죽음에 대한 연습일 것입니다. 나는 오늘도 이 연습을 어떻게 하고 있습니까?

#07

인간에게는 네 가지의 요소가 있습니다.

첫째, 육체적인 요소
둘째, 정신적인 요소
셋째, 정서적인 요소
넷째, 영적인 요소

이것은 마치 자동차의 네 바퀴와 같습니다. 이 네 가지 중에서 하나라도 빠져버리면 자동차가 구르지 못하는 것처럼 인간으로서 제 기능을 발휘하지 못합니다.

#08

즐겁게 살기를 원하십니까? 그렇다면 사람을 너무 보지 마세요. 신문이나 TV 쪽으로만 눈을 돌리지 마세요.

저 높은 하늘을 보세요. 저 푸른 들판을 보세요. 해를 보는데 돈 내라는 사람이 있나요? 아무도 없어요.

우리 하나님은 얼마나 자비로우신지 가난한 사람도 창문만 열면 해를 볼 수 있도록 만들어 놓으셨어요. 아무리 천한 사람도, 아무리 세상에서 짓밟히며 사는 사람도, 그저 얼굴만 들면

눈 부신 햇살을 볼 수 있도록 만들어 놓으신 것입니다.

하나님은 태양을 누구나 볼 수 있는 자리에 두었습니다. 얼마나 감사한지요! 야생화 한 송이를 보는데 누가 돈을 내라고 합니까? 언제든지 마음만 먹으면 볼 수 있습니다.

아, 거기에 인생의 즐거움이 있다고 솔로몬은 가르쳐 줍니다. 그러나 우리는 어떻습니까? 엉뚱한 데서 즐거움을 찾곤 합니다. 그래서 즐거움을 찾기는커녕 허무감만 가슴에 가득 안고 돌아오는 때가 얼마나 많습니까? 문제는 해를 보려고 하지 않는다는 것입니다. 꽃을 보려고 하는 마음이 없다는 것입니다.

#09

사람을 가장 해치는 자가 누구입니까? 사자도 아니고 호랑이도 아닙니다. 바로 사람입니다.

인간관계만큼 어렵고 힘든 것이 없습니다. 인간관계는 낫으로 가시밭길을 헤치는 것과 같습니다.

아무리 가시를 자르면서 조심을 많이 해도 자기도 모르는 사이에 손이 찔리고 피가 흐르는 것처럼 아무리 조심하고 지혜를 다 해서 노력해도 자기도 모르는 사이에 찔리고 피가 나고 상처가 생기는 것이 인간관계입니다.

#10

신자의 본질은 해바라기와 같다고 생각합니다. 해바라기가 아침에 해가 떠오르면 동쪽으로 고개를 돌렸다가 그 해가 가는 대로 계속 따라다니는 것처럼 예수님을 믿는 사람은 날마다 그 마음이 이 세상이 아닌, 하나님 나라를 향하는 버릇이 있습니다.

#11

인생은 생각보다 짧습니다. 사는 날도 적은데 괴로움마저 가득합니다. 그림자같이 빨라 결코 우리 곁에 오래 머물지 않습니다. 잠깐 살다 가는 인생, 그렇기에 적당히 살 만한 여유가 없습니다. 동시에 우리가 이 짧은 인생을 길게 사는 방법을 하나님께서 주셨습니다.

그 방법은 다름 아니라 작고 평범한 것에서부터 감사하며, 그로부터 기쁨을 누리는 가운데 남을 위해서 의미 있고 보람된 인생을 산다면 짧은 인생을 길게 살 수 있을 것입니다.

쉴 새 없이 자꾸만 흘러가는 시간 속에서 짧은 인생을 길게 사는 방법은 시간을 연장하는 데 있지 않고 삶의 질을 높이는 데 있습니다.

**" 기독교의 신앙은 안일의 수단이 아니라,
승리의 수단입니다 "**

#12

사람에게도 인생의 밤이 있습니다. 인생은 작은 우주입니다. 하나님께서 인간에게 이 밤을 주셨습니다. 굳이 하나님의 지혜를 정의하면 '최상의 가능한 목적을 설정하시고 그 목적을 달성하시기 위하여 최상의 가능한 수단을 동원하시는 하나님의 섭리'라고 할 수 있습니다.

각 사람을 향한 하나님 최상의 목적이 있습니다. 그 목적을 하나님께서 달성하기 위하여 사용하시는 최상의 수단 중에 하나가 우리에게 허락하시는 인생의 밤입니다.

#13

우리의 마음을 즐겁게 하는 아름다운 꽃 한 송이를 키우려면 땅을 그대로 두어서는 안 됩니다. 땅을 갈고, 모종을 심고, 물을 주고, 거름을 주고 가꾸어야 합니다. 그래야만 아름다운 꽃 한 송이를 얻을 수 있고 또 우리가 일용할 양식인 곡식을 얻을 수 있습니다.

자족도 마찬가지입니다. 자족이라는 것은 천상의 꽃입니다. 가만히 내버려두어도 우리의 본성에서 저절로 피어나는 것으로 생각하십니까? 천만의 말씀입니다. 재배해야 합니다. 다시 말하면 배워야 한다는 말입니다. 배우지 아니하면 자족할 줄 모릅니다.

자기가 지금 가난할 때 자족하지 못하면 다음에 부자가 되어도 자족하지 못하는 사람이 될 것이요, 자기가 지금 부유하게 살면서도 자족하지 못하면 다음에 가난해질 때 자족하지 못할 것입니다. 그러므로 지금 자족하는 방법을 배워야 합니다.

#14

살아 있다는 것은 얼마나 큰 축복인가요? 생명이 있다는 것은 얼마나 큰 감격인가요? 문득 생명은 너무나 아름다운 것이라는 생각이 들었습니다. 나 역시 하나의 생명을 가진 생명체로서, 생존을 위해 최선을 다하는 해바라기를 보며 새삼 살아 있음에 감사하게 됩니다. 모순투성이처럼 보이는 세상, 선인이나 악인이나 마지막 돌아가는 곳은 매한가지일지라도, 살아 있다는 그 자체가 너무나 귀하기 때문에 세상 난제들에 대해서 해답을 얻지 못한다고 해서 자기의 삶을 부정적으로 여긴다든지 포기해서는 안 됩니다.

누구든지 살아 있다면 소망이 있습니다. 살아 있는 사람 중에 내가 끼어 있다는 이 사실만으로도 소망이 있습니다. 왜냐하면, 살아 있는 나는 죽은 사람들이 송두리째 잃어버린 것을 다 가지고 있기 때문입니다. 내가 살아 있는 한 희망은 있습니다.

15

생각해 보세요. 양복저고리에 한복 바지를 받쳐 입거나, 양복바지에 한복 저고리를 입으면 정상인 취급받기 힘들지요. 내 인생이 행여 이렇게 어정쩡하지 않은 지 자주 확인해 볼 필요가 있습니다. 달을 향하는 우주선도 반드시 두세 번은 궤도를 수정한다고 합니다. 달이라는 목표가 없으면 궤도 수정이 의미가 없습니다.

궤도 수정은 목표가 있어서 필요합니다. 칠십 인생을 산다면 적어도 삼사십 번은 궤도 수정을 하게 됩니다. 세워 놓은 인생의 목표에 맞추어 매년 연말이면 내가 지금 바로 가고 있는지 아닌지 돌아보고 궤도 수정을 하는 것이 필요합니다.

16

나이가 들어가면서 세월의 속도감을 예민하게 느끼는 것 같습니다. 그래서 시간을 낭비하는 것만큼 치명적인 잘못은 없다고 생각하게 됩니다. 돈을 낭비했다면 열심히 벌어서 다시 채울 수 있습니다. 건강도 다시 회복할 수 있다는 기대를 할 수 있습니다. 그러나 낭비해버린 시간만은 영원히 돌이킬 수 없으며 결코 보상받을 수도 없습니다. 그러니 이것만큼 큰 손해도 없는 것이지요.

#17

안 된다고 탓하지 말고, 늦었다고 핑계 대지 말고 매일매일 도전하는 것, 이것이 짧은 인생을 오래 사는 비결일 것입니다. 물론 인생을 오래 사는 비결을 터득했다고 해서 그 인생이 영원한 것은 아닙니다. 젊음도 건강도 모두 한정되어 있습니다.

그러므로 인생을 사는 데 있어서 무엇보다 균형을 잡는 것이 매우 중요합니다.

#18

우리가 사는 해 아래에는 새것이 없습니다. 물이며 땅이며 산이며 전에 있던 것이 또 있고, 있던 것이 그다음에 또 있을 것입니다.

인생에 새것이란 하나도 없습니다. 한 세대만 지나면 기억에서 영원히 사라져버리는 인생은 망각의 재물입니다. 인생은 한평생 땀 흘려 쌓은 것을 모두 다른 사람의 손에 넘기고 손 털고 가는 빈털터리입니다. 지혜가 많을수록 고뇌도 많고, 알면 알수록 근심도 많아지는 것이 인생입니다.

지혜로운 사람이나 어리석은 사람이나 마지막 가는 길에 무덤 하나 소유하면 그것으로 만족하고 영원히 잠드는 것이 바로 인생입니다.

19

인생의 바다, 그 정체가 무엇인지는 정확하게 알지 못하지만 신비스럽게 보이는 그 바다 한가운데에 도착하면 누구나 멀미를 하게 됩니다. 삶 속에서 어려움을 만나면, 아무리 도와달라고 몸부림을 쳐도 자기에게 아무도 관심을 두지 않는 듯한 깊은 고독과 외로움에 빠지게 될 때도 있습니다.

인생이 베일에 가려 한 치 앞도 내다볼 수 없고 암담할 때 나에게 필요한 것은 그 비밀스럽고 신비한 인생에 대한 구구절절한 설명이 아닙니다. 꼭 필요한 것은 한 분의 인격자, 이 인생의 바다를 항해해줄 유능한 선장입니다. 인생 항로의 모든 것을 알고, 모든 것을 주관하며, 모든 것을 처리하는 선장입니다. 이 선장이 인생을 주관한다는 확신만 있으면, 생에 어떤 고난과 위기가 와도 그 상황을 그대로 인정할 수 있습니다.

하지만 이 인생에의 긍정은, 나 자신의 모든 것을 그분 손에 맡겨 드리는 것은 오로지 한 인격자를 내 인생의 항로의 선장으로 모시고 있을 때만 가능한 일입니다. 그렇기에 아침이 밝으면 다시 세상의 바다로 나가 고된 인생을 여행할 수 있습니다.

나와 한 배를 타고 동행하는 선장 때문에 나는 또 용기와 희망을 품고 내일을 맞이할 수 있습니다. 부푼 꿈을 안고 잠자리에 들 수 있습니다.

#20

인생을 자세히 살펴보면 마치 신비스러운 빛과 어둠이 조화를 이루면서 어떤 형상을 보여주는 모자이크와 같습니다.

#21

'기도만 하면 다'라고 생각하십니까? 아닙니다. 두드려야 합니다. 열 번 두드려서 열리지 않으면 백 번 두드리고, 백 번 두드려서 열리지 않으면 천 번이라도 두드려야 합니다.

하나님이 길을 열어 주실 때까지 최선의 노력을 다하는 것, 이것이 위기를 극복하는 신앙인의 자세입니다.

#22

인생을 살다 보면 날아야 할 때도 있고, 달려야 할 때도 있습니다. 하지만 더 중요한 것은 늘 걸어야 한다는 것입니다.

신앙생활에서 걷는 것을 멈추는 순간 죽게 됩니다. 인생을 완주할 때까지 우리는 쉬지 않고 꾸준히 걸어야 합니다.

ⓒ옥한흠

CHAPTER 02

인생,
다시 돌아오지 않는 길
단단히 각오하고 인생을 살아야 합니다

#23

우리에게 중요한 것은 '무엇을 인내하는가'하는 것보다 '어떻게 인내하는가'하는 문제입니다.

똑같이 인내해도 자세가 중요합니다. 기뻐하면서 인내할 수 있다면 그는 진정한 승리자입니다.

#24

활짝 웃어 봅시다. 인물이 못나도 좋아요. 자가용이 없어도 좋아요. 입고 있는 옷이 좀 헐값이라도 좋아요. 내 집이 없어도 좋아요. 하나님이 보시는 나의 가치는 거기에 있지 않습니다. 예수님 때문에 얻은 나의 참가치를 발견하기만 한다면 그 어떤 열등감이라도 과감히 물리칠 수 있습니다.

세상에서 못난 것 때문에 하나님께 영광 돌립시다. 다른 사람보다 똑똑하지 못한 것 때문에 하나님께 영광 돌립시다. 성공하지 못한 것 때문에 하나님 앞에 나를 자랑합시다.

바울처럼 부족한 그것 때문에 오히려 하나님을 찬송할 줄 안다면 어떻게 열등감의 노예가 되어 질질 끌려다닐 수 있습니까? 그런 초라한 인생이 되지 맙시다.

우리는 하나님의 자녀요, 영광과 존귀의 관을 쓰고 있는 하나님 나라의 백성임을 잊지 맙시다.

25

하나님의 자녀가 갖는 일용할 양식이 세상 사람의 소유물에 비해 초라해 보일지는 모르지만, 하나님이 우리에게 가장 적절하다고 생각하시고 허락하시는 그 일용할 양식만 있다면 그것이 우리를 행복하게 만드는 하나님의 축복이라는 사실을 믿으십시오. 우리를 나그네의 삶에서 탈선시키지 않으시는 하나님의 은혜임을 알아야 합니다.

어린 시절 철이 없을 때는 인생이 부모의 사랑을 듬뿍 받으며 걷는 산책처럼 느껴집니다. 그러나 좀 더 걷다 보면 미처 준비가 안 된 채 달려야 하는 마라톤이 되어 버립니다. 이 마라톤을 달리면서 얼마나 많은 사람이 지쳐 쓰러지는지요. 얼마나 많은 사람이 탈락하는지요. 얼마나 많은 사람이 절망에 빠지는지요. 이것이 우리가 가는 인생길입니다. 그렇기에 우리는 어떤 의미로 비행기를 타고 사는 사람처럼 살아야 합니다. 다시 말해 만일의 사태에 대비하며 살아야 한다는 말입니다.

비행기를 몰고 가는 기장처럼 불의의 재난에 대비해야 합니다. 비행기를 타고 가는 승객처럼 마음에 단단히 각오하고 인생을 살아야 합니다. 우리는 강한 자가 되어야 합니다. 우리가 세상을 사는 이상, 좋은 일만 기대하는 어리석음을 버려야 합니다. 나쁜 일도 있을 수 있다는 것을 알아야 합니다. 그러므로 항상 고난에 대비하는 것이 생을 사는 지혜라 할 수 있습니다.

#27

우리는 건강에 대한 주인 의식을 버려야 합니다. 예수 믿는 사람은 더더욱 그렇습니다. 건강이나 생명은, 우리가 조심하고 관리는 할 수 있습니다. 그러나 내 것은 아닙니다. 주님의 것입니다. 언제까지 건강할 수 있는가는 하나님의 손에 달린 것이지 내 손에 달린 것이 아닙니다.

언제라도 건강을 잃어버릴 수 있다는 가능성을 우리는 겸손하게 인정해야 합니다. 건강은 하나님이 지켜 주실 때 보장되는 것이지, 내가 내 몸을 하나님처럼 떠받든다고 해서 건강해지는 것이 아닙니다. 우리는 이 사실을 다시 한 번 인식하고 마음을 정리할 필요가 있습니다.

#28

당신의 실패를 통해 하나님께서 지금 당신을 만들고 계심을 알고 있습니까?

29

앙망(仰望)하는 것은, 간절히 기도하는 것입니다. 앙망하는
것은, 하나님께 내 모든 것을 맡기는 것입니다. 앙망하는 것은,
오직 하나님만 바라보고 그분이 내 모든 문제를 해결해 주실
것을 추호도 의심하지 않는 것입니다.

그런 믿음을 가지고 내 눈이 쇠하도록 하나님을 쳐다보는
것입니다. 이것이 '앙망'입니다. 우리 모두 하나님을 앙망합시
다. 그분은 크고 광대하고 전능하십니다. 그분이 바로 우리 아
버지 되십니다.

30

그 시간을 되짚어보고 싶은 마음에 일기장을 펴서 읽기도
하고 사진을 들춰 보기도 하지만, 그때의 몇만분의 일도 복원
해내지 못하는 게 인생입니다.

한번 지나고 나면 아무리 되살리고 되살려도 그때의 흥분,
기쁨, 행복을 다시 맛볼 수 없습니다. 좋은 일만 그런 것이 아
닙니다. 나쁜 일, 슬픈 일, 아팠던 일 모두 다 한번 지나고 나면
시간이라는 먼지 속에 묻혀 버립니다. 다시 먼지를 걷어내어
그때 그 상황을 회복하고 싶고, 맛보고 싶고, 누리고 싶어도 다
시는 돌아오지 않는 것, 이것이 인생입니다.

31

우리의 허무감이 어디에서 옵니까? 아이러니하게도 우리가 하나님을 닮은 존재라는 사실에서 비롯됩니다. 하나님이 죽지 않듯 하나님의 형상을 닮은 우리도 절대로 죽지 않습니다.

우리는 짐승들과 달리 죽지 않는 영혼을 가졌기 때문에 유한한 이 세상을 볼 때마다 허무를 느낍니다.

32

우리가 명심해야 할 사실은, 가출한 아이가 마음에 평안을 얻으려면 부모 품으로 돌아와야 한다는 점입니다. 우리 역시 마음에 평안을 얻으려면 하나님의 품으로 돌아와야 합니다.

그분이 우리의 창조자요, 우리의 아버지요, 우리를 보호하시는 분이요, 우리가 가진 모든 것의 주인이기에 그분의 품에 돌아왔을 때 비로소 마음에 평안을 얻을 수 있습니다.

33

앞선 세대로부터 하나라도 좋은 점을 발견하면, 그것을 배우는 겸손한 자세가 필요합니다. 그럴 때 그들의 잘못에 대해 비판할 자격이 생기는 것입니다.

34

기쁨은 오늘 우리가 누리는 것입니다. 조건이 충족될 때만 누리는 것이 아닙니다. 지금 내가 기뻐할 수 있는 것입니다. 그러기에 솔로몬은 오늘 기뻐하라고 했습니다. 모든 날을 기뻐하라고 했습니다. 성령을 모신 사람은 항상 기쁨이 그 마음속에 있습니다. 어떤 조건을 따지지 않고 그 모든 조건을 초월해서 기뻐할 수 있는 것입니다.

35

사람과 짐승이 다른 점, 곧 사람에게 '영원'을 사모하는 마음이 있다는 점입니다. 짐승에게는 영혼이 없습니다.

영원을 사모하는 마음을 주시기 위해서 하나님은 우리 인간에게 '영혼'을 주셨습니다. 영혼은 하나님을 닮은 형상입니다. 그러므로 이 영혼을 가진 사람은 하나님을 막연히 생각하게 되었습니다. 그리고 하나님이 계시는 영원한 나라, 영원한 생명에 대해 막연한 동경을 하게 되어 있습니다. 이것이 인간입니다. 이것이 짐승과 다른 우리의 모습입니다.

인간은 죽으면 끝나는 게 아닙니다. 인간은 절대 죽지 않습니다. 죽는 것은 몸입니다. 하나님이 우리에게 주신 영혼은 절대 죽지 않습니다.

"내가 하나님 편에 서면
　하나님은 항상 내 편이 됩니다"

1988년 11월_공원

36

육신의 생명은 마치 사진과 같습니다. 반면 영원한 생명은 풍경과 같습니다. 진짜 살아있는 풍경과 정지된 사진은 비교가 안 됩니다. 그렇기에 지금 우리가 숨 쉬고 있고 유지하고 있는 이 생명은, 하나님이 우리에게 주시려고 준비해 놓으신 영원한 생명과 비교가 안 됩니다.

37

즐겁게 살면 하루가 그만큼 가볍습니다. 누구나 인생의 짐은 같은 것입니다. 가난한 사람이나 부한 사람이나 인생의 짐은 같은 것입니다.

저는 재벌이 사는 집에도 가 보았습니다. 가서 보니 똑같았습니다. 통장에는 얼마나 차이가 나는지 모르지만, 내가 걱정하는 것 그 사람이 걱정하고, 내가 기분 나빠하는 것 그 사람도 기분 나빠하고, 내가 불편하게 대하면 그 사람도 좋게 생각하지 않습니다. 똑같습니다.

같은 짐이라도 즐겁게 지는 사람에게는 그 짐이 가벼운 법입니다. 그러나 마음이 무거운 사람은 그 짐도 엄청나게 무거운 것입니다.

38

우리가 나이를 먹을수록 겉사람은 후패할지 모르지만 속사람은 믿음과 더불어 튼튼하게 자랍니다. 그러므로 우리는 겉사람이 후패한다는 사실에 오히려 더 기뻐하고 감사해야 할 것입니다.

겉사람을 잘 꾸며 보겠다고 비싼 외제 화장품을 사서 바를 궁리하고 계십니까? 좀 더 젊고 아름답게 보이려고 성형수술할 생각을 하고 계십니까? 차라리 정성으로 속사람을 아름답게 가꾸십시오.

우리의 겉사람은 결국 사그라지기 마련입니다.

39

나는 엘리베이터를 탈 때면 여러 가지 생각을 합니다. 이 공간은 대화가 전혀 통하지 않는 사람들이 잠깐 동안 함께 머무르는 참 어색한 곳입니다. 서로 쳐다보려니 쑥스럽기만 하고 자연히 눈은 층수를 가리키는 안내판을 향할 수밖에 없지요.

모든 사람이 한 곳을 쳐다보면서 어색하게 내릴 차례를 기다려야 하는 곳이 우리가 지금 살고 있는 이 '사회'라는 엘리베이터가 아닐까 합니다.

40

다른 사람보다 빨리 달렸다고 해서 잘 되는 것도 아니고 남보다 똑똑하다고 해서 성공하는 것도 아닙니다. 우리가 이 세상에서 바로 살았느냐, 성공했느냐 하는 문제는 지금 해답을 찾을 수 없습니다. 그것은 우리가 훗날 하나님 앞에 섰을 때 하나님이 판단하십니다.

자기가 맡은 일을 하나님이 주신 줄 믿고 그 일에 최선을 다하고 기쁨으로 일하면 훗날 주님 앞에 섰을 때 그것이 하나님의 마음을 흡족하게 만든 한 생의 일이었음을 반드시 깨닫게 될 것입니다. 생각만 해도 이 얼마나 가슴 뛰는 상상입니까? 내가 지금 이 순간 하나님을 흡족하게 하는 삶을 살고 있다는 이 사실이 말입니다.

고독은 감기와 같은 것입니다. 생각해 보십시오. 감기에 걸리는 것은 믿음과 상관없는 일이지 않습니까? 이와 마찬가지로 상대적인 고독 또한 믿음과 별개의 문제입니다. 연약한 육체로 인한 고독은 믿음이 좋아도 찾아올 수 있고 믿음이 약해도 찾아올 수 있습니다. 낙엽 지는 가을 길을 걸어가는 사람이 어딘가 모르게 마음에 쓸쓸함을 느끼는 것은 자연스러운 현상입니다. 인간이라는 연약함 때문에 계절을 타는 것이지요. 이런 고독은 믿음과 무관한 것입니다. 그러므로 우리 역시 바울처럼 인간의 연약함에 대해 솔직할 필요가 있습니다.

기억하십시오. 고독은 그것을 다루는 습관에 따라서 차가운 온돌에 불을 지펴주는 선한 하인이 될 수 있고, 온 집안에 불을 지르는 악한 하인이 될 수도 있음을. 그러므로 바울을 통해서 고독을 어떻게 다스릴 수 있는가를 배우는 것은 대단히 중요합니다.

우리가 이 진리를 깨닫는다면 아무리 간교한 마귀라도 우리의 고독을 악용할 수 없습니다. 믿음의 투사는 용감해야 합니다. 고독을 두려워하지 마십시오. 언제라도 나타날 수 있는 패잔병이라는 것을 알고 있으면 고독을 두려워할 이유가 없습니다. 그러나 믿음의 승리자로서 세상을 살려면 바울처럼 지혜롭게 고독을 다루고 선용하는 지혜를 배우도록 합시다. 우리가 무릎 꿇고 기도할 때마다 성령께서 가르쳐 주실 것입니다.

#42

아무리 고된 세상일지라도 처음 자기가 낳은 아이를 품에 안았을 때의 그 부푼 꿈을 기억할 수만 있다면 오늘 하루를 살아가기 위한 헌신과 최선은 마르지 않을 것입니다.

43

우리가 늘 영원히 사는 문제를 생각하는 이유가 바로 우리 전부가 죽음의 노예가 되어 있다는 증거입니다. 한 사람도 예외 없이 죽음이라는 무서운 폭정 아래서 신음하고 있습니다.

사랑하는 사람이 세상을 떠나는 것을 볼 때 가슴이 찢어지는 아픔을 느끼는 것도, 자녀들을 옆에 두고도 '이 자녀들이 잘못돼서 혹 일찍 죽지나 않을까?' 하는 불안감을 갖는 것도 병원에 가서 암으로 혹은 치명적인 어떤 병으로 한 생명이 갑자기 사라지는 것을 볼 때, '나도 갑자기 저렇게 되지 않을까?' 하는 불안감이 드는 것도 우리가 다 죽음의 노예가 되어 있기 때문입니다. 그러므로 '이런 비참한 삶을 벗어나서 죽음과는 관계없는 좀 새로운 어떤 삶이 없을까?' 하는 생각을 우리가 한 번씩은 다 하게 되는 것입니다.

만약 이런 문제를 전혀 생각지 못하는 사람이 있다면 대답은 하나입니다. 너무 무딘 사람입니다. 어쩌면 마음이 너무 어두운 사람입니다.

44

'실패학'이란 말이 있습니다. 실패도 연구의 대상이 될 만한 가치가 있다는 말입니다. 기성세대는 어떻게 보면 실패학의

연구 대상입니다.

실패는 성공의 어머니라는 말처럼 그들의 실패를 연구의 대상으로 삼고 연구하면, 이전의 과오를 반복하지 않고 이 나라와 하나님 나라를 더 아름답게 세울 수 있습니다.

#45

죽음을 두려워하지 마세요. 죽음은 어차피 우리가 거쳐야 할 과정입니다. 하나님 나라에 들어가기 위해 통과해야 할 과정에 불과합니다.

#46

고독이 심해지면 합병증이 생기게 되는데, 그중 가장 무서운 병이 '오해'라는 감정입니다.

대화를 나누어야 할 상대와 이야기를 하지 못하면 섭섭한 감정이 생기고, 이 감정은 오해를 낳게 되는 것이지요.

오해는 인간관계를 송두리째 마비시키는 독침입니다. 오해를 안고 살아가는 가족들의 마음의 벽은 점점 두꺼워집니다.

**"기뻐하면서 인내할 수 있다면
그는 진정한 승리자입니다"**

2007년 11월_ 장로섬김 수련회

#47

거룩함을 따르기로 마음을 다잡지 않으면 우리 중 누구라도 자신을 지킬 수 없습니다.

#48

우리는 항상 하나님이 내 편이 되어 주기만을 기다리고 있습니다. 그러나 내가 하나님 편이 되는 것에는 별로 관심이 없습니다. 예수님처럼 하나님 편이 되기를 원한다면 순종하시기 바랍니다.

순종하는 사람은 하나님 편에 서 있는 사람입니다. 말씀을 배웠으면 지키십시오. 진리임을 확신했으면 그대로 살려고 노력하십시오. 그래서 내가 하나님 편에 서면 하나님은 항상 내 편이 됩니다. 그럴 때 내 마음의 평안이 머무는 것입니다.

은혜의 발걸음 Ⅲ

타고난 최적의 설교자, 옥한흠 _ 01

그분은 제가 만났던, 보았던, 혹은 접한 설교자(연설자) 중 '타고났다'고 말하고 싶은 유일한 분입니다. 전 그분의 설교를 현장에서 직접 들은 적이 거의 없습니다. 언젠가 딱 한 번 설교를 직접 들었을 뿐입니다. 나머지는 동영상과 그분의 저서 수십 권의 책을 통해서 그분을 만났습니다.

혹, 이런 저에게 어떤 이들은 이렇게 물을지도 모르겠습니다. "직접 딱 한 번 들은 설교 경험으로 옥 목사님을 향해 '타고났다'라는 말할 자격이 있는가?"라고요. "과연 당신이 옥한흠 목사의 설교에 대해서 무슨 논할 자격이 있는가?"라고요.

그분들을 향해 전 이렇게 대답하고 싶습니다.

"그렇기에 오히려 저는 옥 목사님의 설교에 대해서 그 누구보다 객관적입니다. 아니, 객관적일 수밖에 없습니다."라고요.

그 이유는 다음과 같습니다.

설교의 현장(교회나 집회장) 분위기를 한번 생각해 보세요. 가득 찬 군중, 잘 정돈된 단상 그리고 무엇보다 은은하게 울려 퍼지는 찬양 등등. 이런 효과만으로도 사람들은 이미 마음의 문을 반 이상은 열고 설교를 듣게 됩니다. 그때는 웬만한 설교자로도 충분히 대부분 사람을 감동하게 할 수 있습니다. 게다가 이미 세상의 힘든 많은 짐을 어깨에 지고 교회에 가 앉아있는 성도들의 심리적인 상태 자체도 설교가 결코 객관적으로 들릴 수 없도록 만드는 데에 일조합니다.

어쨌든 제가 이런 설명을 하는 이유는 제 나름대로 편견과 선입견을 전혀 가지 않는 조건 또는 상태에서 그분의 설교와 글(말씀)을 듣고 보았기 때문입니다.

저는 개인적으로 옥한흠 목사님의 이름은 알고 있었지만 어떤 호불호를 가지고 있었던 사람이 아닙니다. 게다가 옥한흠 목사님과의 그 어떤 이해관계도 가지고 있지 않습니다. 그리고 무엇보다 저는 아무런 분위기의 도움 없이 그분의 설교를 듣거나 읽었습니다. 그리고 홀로 생각하고 또 느꼈습니다. 그렇기에 저는 객관적인 시선으로 그분을 바라봤다고 말씀드릴 수 있습니다.

#타고난 최적의 설교자, 옥한흠 _02

제가 그분이 타고난 설교자라고 말할 수밖에 없는 두 번째 이유는 다름 아닌 그분의 말씀(성경)을 해석하는 능력입니다. 아주 단적으로 말하면 이렇게 정리할 수 있습니다.

"옥한흠 목사님은 오로지 성경말씀 본래의 의미를 살리기 위한 직관적인 해석에 의존한다."라고요.

어떤 설교자들은 가뜩이나 비유적 표현으로 가득한 성경말씀 위에 자신의 경험을 더 하고 또 더합니다. 설교자의 지극히 주관적 경험의 비유까지 말씀 위에 덧칠해서 말씀의 본질을 희석하거나 아예 변형하곤 합니다. 결국, 그런 설교자들이 외치는 말씀을 온통 자의적으로 재해석한 설교는 듣는 이로 하여금 억지스러움을 느끼게 할 뿐입니다.

그에 비해 옥 목사님은 오히려 자기식으로 말씀을 해석하려는 인간이라면 누구나 가질 수 있는 보편적 자기 의지를 경계하였습니다. 그가 극도로 신경 쓴 절제된 표현들 위에 성경적 표현을 덧입혔습니다.

성경말씀이 애초에 전하고자 하는 메시지, 본문의 본질을 관통하는 바로 그 메시지를 전달하고자 고민한 흔적을 그의 모든 설교에서 쉽게 느낄 수 있습니다.

성경말씀의 본래 의미를 훼손하지 않고 전달해야 하는 한

2007년 6월_전국 수련회

다는 말씀의 '대언자'로서의 사명감으로 인해 그는 설교 준비 뿐 아니라 말씀을 전달하는 그 과정 중에서도 긴장감으로 점철되었으리라 추측할 수 있습니다.

저는 그분의 모든 설교와 글 속에서 그분이 느낀 긴장감을 보았습니다. 하지만 그 긴장감이 반드시 부정적인 의미를 가지지는 않습니다. 굳이 다시 설명하자면 절대자 앞에서의 '희망찬 긴장감'이라고 할 수 있습니다.

단순한 말씀의 대언자로서 설교의 주체자인 성령께서 이끌어내실 결과를 바라보는 '희망'이 그분이 가진 긴장감 속에 숨어 있습니다. 옥한흠 목사님이 설교 전 가장 자주 말씀하신 기도의 한 구절, '십자가 뒤에 나를 감추어 주십시오'는 그냥 한낱 표현이 아닙니다. 그분의 긴장과 희망을 압축해 표현한 말입니다.

결론적으로 그분의 설교는 철저히 정제된 해석입니다. 그분의 설교는 전혀 과하지 않은 표현으로 된 해석입니다. 그분의 설교는 청중의 이해를 최우선으로 두고 깊이 고민하고 고려한 설명과 논리적 전개력으로 청중이 이해하기 쉽고 감동받게 하는 설교입니다.

\# 타고난 최적의 설교자, 옥한흠 _03

저에게 그분이 타고난 설교자라고 말할 수밖에 없는 세 번째 이유는 그분의 목소리입니다.

독특하고 유별난 개성은 없지만, 아주 또렷하게 전달되는 톤이 그분 목소리의 가장 큰 특징입니다. 특히 클라이맥스 부분에 다다랐을 때는 그분의 목소리는 자신의 감수성을 솔직히 드

러냅니다. 클라이맥스에서는 언제나 다른 어떤 설교자에게서도 찾을 수 없는 호소력 넘치는 카리스마를 느낄 수 있습니다.

육성이나 글 속에서도 그분의 목소리는 동일합니다. 즉, 그분의 '말투'와 '글투'가 전혀 다르지 않습니다. 육성 못지않게 글 속에서도 그 특유의 억양과 톤이 그대로 유지됩니다. 글 속에서도 클라이맥스에서 드러나는 카리스마를 느낄 수 있습니다. 하지만 그분의 목소리는 힘이 넘치는 열정뿐 아니라 목회자로서, 또 인간으로서 가질 수밖에 없는 쓸쓸함과 고독을 표현하는 데에도 매우 효과적입니다.

고통 속에서 신음하는 연약한 사람들을 향해 위로하는 그분의 목소리는 마음을 어루만지는 리듬이 있습니다. 때로는 그 어루만짐 속에서도 잠을 깨우는 알람 소리와 같은 임팩트가 있습니다.

ⓒ옥한흠

*옥한흠 목사님이 미국 웨스트민스터 신학교에서
선물로 받으신 의자입니다.
당신의 이름이 각인된 의자에서 성도와 동역자,
그리고 자신을 위해 끊임없이 고민하시던 목사님이었습니다.

사랑

愛

세상이 주는 모든 고통의 절반은 서로 사랑하지 않기 때문에 빚어지는 비극입니다. 세상이 주는 모든 행복은 서로 사랑하기 때문에 만들어지는 황홀입니다. 사랑은 우리가 세상이라는 험한 바닷속에서 싸워 이길 수 있는 유일한 방패입니다.

CHAPTER 01

사랑으로 얻는
진실한 사랑

사랑을 얻는 것은 모든 것을 얻는 것입니다

01

정신적 위기, 육체적 위기, 아니 그보다 더한 모든 위기를 만났을 때 나로 하여금 가장 꿋꿋하게 버틸 수 있게 하는 것, 나를 다른 사람들과 하나로 묶을 수 있는 끈은 돈도 명예도 아닌 '사랑'일 것입니다.

그런 사랑은 홍수가 나도 꺼트릴 수 없는 불, 삶 전체를 통째로 삼켜버리고도 아쉬운 소용돌이, 여지가 없고 끝을 봐야 하는 날카로운 칼날과 같습니다. 사랑이라는 이름은 그 극적인 느낌으로 늘 우리를 설레게 하고, 살게 합니다.

02

사랑의 감정은 연기나 기침처럼 감추기 어렵습니다. 행여 감춘다고 해도 오래 감춰두기는 어렵습니다. 언덕 위에 있는 동네에 어둠이 내려와 불을 환하게 밝히면, 그 불빛을 손바닥으로 가릴 수 있을까요, 손수건으로 막을 수 있을까요? 그 빛은 숨기지 못합니다. 아무리 가리려고 발버둥 쳐 봐야 새어 나오는 불빛을 가리는 것은 불가능합니다.

사랑이 바로 그와 같습니다. 사랑은 지나가는 바람처럼 보이지 않고 드러나지 않는 듯하나 분명히 느낄 수 있는 감정입니다. 그래서 사랑은 감출 수도 없고 더더욱 속일 수 없습니다.

03

'만족'은 자신이 성장하고 훈련됐을 때 찾아오는 것이지, 상대방이 완전해서 찾아오는 것이 아닙니다.

다른 사람을 만족하게 해 줄 만큼 완전한 사람은 없습니다. 그러므로 서로가 만족할 방법은 내가 먼저 상대방이 바라는 수준까지 성장하는 바로 그 길입니다.

04

사랑하려면 서로 위로해야 합니다. 실패자, 배신자, 비겁자가 되어버린 사람들은 자신을 지탱하기 어려울 정도로 심한 상처와 좌절을 겪게 됩니다. 그들이 주저앉지 않기 위해 필요한 것은 다름 아닌 따뜻한 위로와 격려의 말 한마디입니다.

사랑할 때 비싼 대가를 지불해야 하는 것이 아닙니다. 위로의 말, 격려의 말 한마디가 사랑하는 마음 전부를 대변할 수 있을 때가 정말 많습니다.

서로 사랑하려면 용서해야 합니다. 사랑하려면 인내해야 합니다. 사랑은 왕궁에서뿐 아니라 오두막집에서도 삽니다. 끝까지 사랑하기 위해 위로하고, 용서하고 참아 봅시다. 이 사랑을 평생 실천해 봅시다.

#05

진짜 사랑의 표준은 '무조건'입니다. 잘살 때만 사랑하고 못살 때는 사랑하지 않는 것이 아니라, 못살 때나 잘살 때나 병들었을 때나 건강할 때나 무조건 사랑하는 것이 희생하는 사랑이며, 변함없는 사랑입니다. 즉 조건 없는 사랑입니다.

한번 사랑하면 끝까지 변함없이 사랑하는, 이 사랑의 표준에 맞추어서 서로 사랑해야 합니다.

#06

인류를 사랑한다고 거창하게 말하는 사람들은 어쩌면 한 사람도 사랑하지 않는 사람들일지 모릅니다. 사랑은 거창해야 하는 게 전혀 아닙니다. 사랑은 아주 작고 사소한 것에서 출발합니다. 사랑은 가까운 데 있는 사람과 나누는 것입니다. 인류를 사랑하는 것 역시 작은 사랑의 실천에서부터 시작됩니다.

#07

장미의 진짜 향기는 깊은 밤중에 맡을 수 있듯이, 부부가 생의 위기를 만나 험하고 좁은 길을 함께 걸을 때 진정한 사랑의 향기를 맡을 수 있습니다.

08

사랑을 얻는 것은 모든 것을 얻는 것입니다. 사랑받고 있다는 감정보다 더 큰 힘은 없습니다.

사랑은 또 다른 사랑을 낳습니다. 사랑에서만은 큰 손을 가집시다. 그러면 어떠한 고통이 물밀듯이 몰려와도 우리는 이겨낼 수 있을 것입니다.

이왕 사랑할 거라면 흠뻑 젖을 때까지 사랑합시다. 적당히 잠깐 사랑하다 중단하지 말고, 온 집안이 사랑의 홍수가 나서 전부 떠내려갈 정도로 실컷 사랑합시다.

09

흔히 온유라고 하면 화를 내지 않는 부드럽고 착한 성품을 생각하기 쉬운데 꼭 그런 것이 아닙니다. 분노해야 할 때 분노할 줄 아는 것이 참다운 온유입니다. 불의를 보고도 의분을 낼 줄 모른다면 온유한 사람이 아닙니다.

오늘날 불의를 보고도 침묵하는 크리스천이 많습니다. 우리는 온유의 강도를 높여야 합니다. 폭력을 행사하는 사람은 결국 망할 수밖에 없다는 교훈을 그들에게 보여 주어야 합니다. 용기 있는 온유, 이것이 절실히 필요한 때입니다. 온유는 폭력보다 강합니다.

#10

사랑을 표현하는 가장 쉬운 방법은 우선 말을 통해서입니다. "사랑한다"고 말하는 것은 사랑하는 이에 대한 봉사입니다. 바로 턱 밑에까지 찬 그 말이 좀처럼 입 밖으로 쉽게 나오지 않지만 아무리 어렵고 쑥스럽더라도 사랑은 "사랑한다"는 말에서부터 시작해야 합니다.

"사랑한다"고 말하면 그것은 이미 말 이상의 가치를 갖습니다. 그런데 사랑을 표현하는 말은 자랑하지 않는 말이어야 합니다. 사랑을 표현하는 말은 교만하지 않은 말이어야 합니다. 사랑을 표현하는 말은 온유한 말이어야 합니다.

#11

사랑의 요구가 눈앞에 있을 때 사랑을 베풀지 않는다면, 말로만 혀로만 떠든다면 그 사랑은 진실을 상실한 사랑입니다.

가난한 사람에게 옷 좀 주는 것, 돈 좀 주는 것은 그리 대단한 일이 아닐지 모릅니다. 그렇지만 지극히 작고 쉬운 일이라도 그것을 행함이란 바위를 산 위로 굴려 올리는 것만큼이나 어려운 일입니다. 말로 사랑을 표현하고, 그 사랑을 행하며, 거기에 진실함까지 더한다면 그 사랑은 세상 무엇과도 바꿀 수 없는 귀한 보물입니다.

12

작은 것부터 큰 것까지 사랑을 실천하려 노력하고 말 한마디라도 진실하게 하려면, 인격 전부를 동원하고 내 전부를 소모하지 않으면 안 됩니다. 내 전부를 투자하지 않으면 진실하게 사랑을 할 수가 없기 때문입니다. 그렇기에 사랑하기를 원하는 사람에게는 눈물이 마를 날이 없을 만큼 고통이 따르기 마련입니다.

사랑의 표현 하나하나에 자기의 전 인격이 송두리째 뿌리뽑히는 것 같은 희생을 각오하지 않고서는 진실한 사랑을 표현하지 못할 것입니다. 어떻게 하면 내 몸과 같이 남을 사랑할수 있을까요? 사랑이란 어떤 상황에 처해 있든지 좀 더 나은 길을 선택하라는 뜻과 같습니다.

누군가 싸움을 걸어왔을 때 똑같이 신경을 곤두세우고 대항해서는 안 됩니다. 차분하게 마음을 가라앉히고 자꾸 미워지는 사람 앞에 가서 사랑을 전하기 위해 말 한마디라도 정성을 기울여야 합니다.

내가 사랑을 실천하지 않아서 얼음처럼 차가워진 관계가행여 없는지 둘러봅시다. 사랑의 치료법은 더욱 사랑하는 것밖에는 없습니다.

#13

세상이 주는 모든 고통의 절반은 서로 사랑하지 않기 때문에 빚어지는 '비극'입니다. 세상이 주는 모든 행복은 서로 사랑하기 때문에 만들어지는 '황홀'입니다. 사랑은 우리가 세상이라는 험한 바닷속에서 싸워 이길 수 있는 유일한 방패입니다.

#14

누군가를 미워하면 그 감정은 자신에게도 치명적으로 해롭다는 사실을 기억할 필요가 있습니다.

미움은 사람의 인격을 좀먹으며 자랍니다. 미움은 사람이 가진 가치와 객관성마저 파괴합니다. 미움은 아름다운 것을 추한 것으로, 추한 것을 아름다운 것으로, 진리를 거짓으로, 그리고 거짓을 진리로 교묘히 바꾸어버립니다.

미움이라는 감정은 사람을 통해 인류를 악의 구렁텅이로 내몰아 망하게 합니다.

#15

세상에는 사랑을 주지 못할 만큼 가난한 사람도 없고, 사랑을 받을 필요가 없을 만큼 부요한 사람도 없습니다.

16

사랑하기를 거부하거나 싫어한다면 얻는 것보다 잃는 것이 많다는 사실을 발견할 수 있을 것입니다. 사랑하지 않고서 얻을 수 있는 것은 아무것도 없습니다. 그리고 사랑함으로써 잃는 것은 많지 않습니다. 오히려 사랑하지 않음으로써 잃는 것이 훨씬 많습니다.

사랑하면서 얻을 수 있는 평안과 안식, 기쁨을 제대로 누리지 못한다면 그 인생은 엄청난 손해를 보게 됩니다.

17

에로스의 사랑과는 달리 아가페의 사랑은 가슴이 뜨거운 사람이나 차가운 사람이나 모두 할 수 있는 사랑입니다.

왜냐하면, 이 사랑은 의지적이며, 결단하고 행동하는 사랑이기 때문입니다. 마음에서 저울질하는 사랑이 아니라 내가 싫든, 좋은 감정이 있든 없든 행동으로 옮기는 사랑이 바로 아가페의 사랑입니다. 그렇지만 이 사랑은 생명을 걸어야만 할 수 있는 사랑입니다.

완전히 자기를 죽이고 사랑을 행동에 옮기는 사람만이 감히 흉내를 낼 수 있는 것이지 아무나 저절로 되는 것이 아닙니다.

1968년~1974년 성도교회 부교역자 시절

#18

어려울수록 더 사랑합시다. 고통이 있을수록 더 사랑합시다. 생활이 궁핍해질수록 더 생명을 바쳐 사랑합시다.

그 사랑은 공포를 덜어버리고, 아픔을 덮어 주며, 마음의 근심을 덜어 줄 것입니다. 굳어 있는 마음, 열리지 않는 마음, 미워하고 증오하는 마음, 용서하지 못하는 마음을 버리고 사랑하는 사람이 되어봅시다.

#19

인간의 근본적인 불행은 사랑받지 않는다는, 사랑받을 자격이 없다는 바로 그 두려움에서 시작됩니다. 그러나 누군가로부터 사랑받고 있다는 확신은 우리를 자유롭게 합니다.

#20

사랑은 또 다른 사랑을 낳기 때문에, 내가 누군가를 진짜 사랑하면 그 사람은 자신이 받은 사랑으로 또 다른 누군가를 사랑하게 될 것입니다. 사랑을 아는 만큼 또 다른 사람을 사랑할 수 있기 때문입니다.

#21

어둠이 어둠을 사라지게 할 수 없습니다. 오직 빛만이 어둠을 사라지게 할 수 있습니다. 여기서 어둠 속의 빛이란 진실한 사랑, 다시 말해 용서를 의미합니다.

용서는 선인과 악인을 구분하지 않습니다. 물론 받을 때만 줄 수 있는 본능적인 사랑으로 결코 원수를 용서할 수 없습니다. 내가 낳은 자식, 부모, 내 형제는 자연스럽게 사랑할 수 있어도 이 사랑으로 원수까지 사랑하기는 힘듭니다. 그러므로 원수를 사랑하려면 우선 용서해야 합니다.

용서는 다시 하나가 되는 것을 의미하기 때문에 화합의 의지가 없다면 아무도 원수를 사랑할 수 없습니다. 과거를 완전히 잊고 진정으로 용서했다면, 원수도 사랑할 수 있는 경지에 이를지 모릅니다.

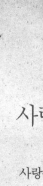

CHAPTER 02

사랑으로 만드는
진정한 기적

사랑은 기적을 만들어 냅니다

하나님의 사랑은 아가페입니다. 아가페 사랑은 자로 재듯 성경을 읽고, 듣고, 배우고, 연구하지 않고서는 접근할 수가 없습니다. 하나님의 사랑을 배우는 학습 장소는 골고다 언덕이요, 학습 자료는 예수 그리스도의 십자가입니다. 십자가는 하나님이 자기 사랑을 확증하신 증거입니다.

행여 하나님의 사랑의 너비를 재고 싶습니까? 십자가 앞으로 가십시오. 하나님의 사랑의 길이를 알고 싶습니까? 십자가가 가르쳐 줄 것입니다. 하나님의 사랑이 얼마나 높나요? 십자가를 바라보세요. 하나님의 사랑이 얼마나 깊을까요? 십자가 아래 엎드려 보시기 바랍니다.

아가페는 허물을 덮어 주는 사랑이며, 죄인을 불쌍히 여기는 사랑이며, 자기를 희생하고 행동으로 옮기는 사랑이며, 죄는 미워하지만, 죄인은 사랑하는 사랑입니다.

열 번 백번 똑같은 죄를 범한 사람이라도 불쌍히 여기는 사랑이 바로 아가페의 사랑입니다. 원수를 자연스럽게 사랑할 수 있는 사람은 이 세상에 아무도 없습니다. 그렇지만 의지를 가지고 용서하는 흉내라도 내야 합니다.

24

용서가 어려운 만큼, 사랑 역시 내면 깊숙이 숨겨진 집착, 이기심, 육신적 동기, 교만으로 가득 찬 자아를 버려야 하는 어려운 과정입니다. 잘못과 약점을 덮어 주고 상처를 감싸 주며 용서하되 과거를 완전히 기억에서 지워버리는 진정한 포용으로부터 진정한 사랑은 비로소 그 의미를 가질 수 있습니다.

25

우리 중 그 누구도 단 한 번도 사랑받지 못했다고 말할 수 있는 사람이 없습니다.

26

주님의 관심을 끄는 사람은 큰 자가 아닙니다. 높은 자도 아닙니다. 지극히 작은 자, 무시당하는 자, 세상 사람들에 의해 소외된 자들을 주님은 관심을 갖고 사랑하십니다. 그런 사람들에게 관심을 베풀고 도와준 것이 곧 주님에게 한 것입니다.

세상이 거들떠보지도 않는 지극히 초라한 사람에게 관심을 보이며, 그들의 고난을 함께 지고 도와주며 봉사하며 같이 눈물 흘리는 것이 쉬운 일이 아닙니다. 그러므로 형제에게 하는 것은 곧 주님에게 하는 것이요, 형제를 위해 희생하는 것이 곧 주님에게 희생하는 것이요, 형제에게 봉사하는 것이 곧 주님에게 제사 지내는 것입니다.

27

이웃 중에서 가장 가까운 이웃은 바로 부모님입니다. 그러므로 부모님을 잘 섬기지 못하면 율법 전체를 어기는 사람이 되고 말 것입니다. "부모 공경을 하지 않았는데도 오래 사는 것은 그 사는 자체가 하나님의 벌이다"라고 칼뱅이 말했습니다. 만약 우리 가운데 부모 공경을 안 했는데도 장수하는 분이 있다면 그분은 사는 그 자체가 벌이라는 것을 알아야 합니다.

하나님의 말씀에는 거짓이 없습니다. 부모님께 순종하십시오. 성의를 다해 부모님께 효도하십시오. 그것이 하나님을 공경하는 바른 자세라는 사실을 잊지 말아야 합니다.

우리 주변에는 낚싯대를 갖다 주어도 들고 일어설 힘조차 없는 자들이 너무나 많습니다. 이들에게 필요한 것은 실질적인 도움과 기도입니다. 이것이 바로 구제입니다.

가난한 자들은 교회가 떠맡아야 할 부담이 아니라, 복의 통로입니다. 가난한 자들로 인해서 교회가 교회답게 될 뿐만 아니라, 하나님에게서 오는 복까지 누리게 되기 때문입니다.

'좁은 문 들어서기'와 '좁은 길 걸어가기'는 원칙상 하나이어야 합니다. 그러나 교회 안에서도, 좁은 문으로 들어서기는 했지만 걸어가야 할 길의 형세가 만만치 않은 것을 보고 그 길을 기피하려는 경향이 있습니다. 마치 그 둘이 별개인 것처럼 '예수 믿기'와 '예수 쫓아가기'가 일치하지 않는 것을 자연스럽게 받아들이며 생활하는 사람들이 있다는 말입니다.

신앙고백과 신앙생활은 하나로 이어져야 합니다. 한번 좁은 문으로 들어온 사람은 좁은 길을 걸어가야 합니다. 좁은 길이 겁이 나서 넓은 길을 기웃거리며 적당히 교회만 드나드는 것은 바른 신앙생활이 아닙니다. 심지어 그런 식의 신앙생활이라면 영생을 장담할 수 없습니다. 신앙생활도 이처럼 세상의 물결을 따라 마음대로 떠다니는 사람에게는 하나도 어렵지 않을 것입니다. 그러나 그 물결을 거슬러 올라가기를 각오한 사람에게는 무엇보다도 어렵습니다.

2006년 6월 _ 제자훈련세미나 20주년 행사

31

하나님은 우리를 골방에서 만나기 원하십니다. 왜냐하면, 골방은 우리의 마음을 영이신 하나님께 온전히 집중할 수 있기 때문입니다. 사람들의 출입이 많고 복잡하여 우리의 생각이 분산되기 쉬운 곳은 그분께 마음을 드리기가 어렵습니다. 일단 기도할 때는 온전히 마음을 바치는 사람이 되길 원하는 것입니다. 하나님은 우리를 무척이나 사랑하십니다. 그분만큼 우리를 사랑하시는 분이 어디 있습니까? 그 뜨거운 사랑을 어디에서 우리에게 부어 주시겠습니까? 다름 아닌 골방에서 하나님은 자기의 사랑을 표현하고 싶어 하십니다. 그래서 하나님은 골방을 좋아하십니다.

연애만큼은 다른 사람한테 부탁하지 않습니다. 진정 사랑하는 사람과 주고받는 그 기쁨을 왜 다른 사람이 대신하도록 하겠습니까? 마찬가지로 골방에서 직접 하나님을 만나면 그분의 사랑을 흠뻑 느낄 수 있는데, 왜 남에게 대신 시키겠습니까? 직접 하나님 앞에 서게 되면 그분의 성실과 자비, 능력으로 인해 흥분과 행복을 감출 수 없는데, 왜 남에게 부탁합니까? 가끔 '저를 위해 기도해 주십시오' 하고는 자기는 기도를 안 하는 사람이 있습니다. 그 사람은 어리석은 사람입니다.

기도를 통해 얻게 되는 행복과 기쁨은 누구에게도 빼앗길 수 없기 때문입니다.

32

염려가 끼어들어 와서 나를 괴롭힐 때마다 창문을 열고 나무 위에서 지저귀는 새를 바라보면서 하나님의 말씀을 회상하십시오. '저 새를 하나님이 저렇게 먹이고 입히시네요. 하나님, 내가 얼마나 소중한 존재입니까? 저는 지금 실직했습니다. 가족들이 있습니다. 염려가 나를 짓밟으려고 합니다. 하나님, 나에게 믿음 주십시오. 너희일까 보냐의 믿음을 주십시오' 하고 기도하십시오. 기도하면 하나님이 그 믿음대로 인도해 주신다고 저는 믿습니다.

꼭 기억해야 할 것은 믿어야 합니다. 그 믿음이 염려를 묶어 놓습니다.

33

우리에게 내일은 없습니다. 하나님께서 주시기 전까지는 아무도 내일을 보장하지 못합니다. 오늘만이 내 날이요, 내 것입니다. 그러므로 내일이 내 날이 아니라고 하는 사람에게 무슨 욕심이 있을 수 있습니까? 오늘 하나님이 주시는 은혜 안에서 행복할 수 있다고 생각하는 사람에게 달리 무슨 기도가 필요하겠습니까? "하나님, 오늘을 살기 위한 일용할 양식을 주시옵소서." 이 기도 하나만으로도 만족할 수 있습니다.

34

우리는 하나님으로부터 재물을 받았습니다. 그러나 그 모두를 포기하라고 받은 것은 아닙니다. 우리는 받는 것만큼 돈을 쓸 책임이 있습니다. 그러나 더 중요한 것은 받은 것을 바르게 사용할 수 있도록 부름 받은 소명자라는 사실입니다. 그런 의미에서 우리의 영성은 심령만 거룩해서는 안 되고 소유한 돈도 거룩해야 합니다.

내 몸이 하나님 앞에 드려졌다면 내가 가진 보물도 하나님 앞에 드려져야 합니다. 하나님 앞에 나와서 드리는 시간이 거룩하다면 내가 하나님 앞에 드리는 보물도 거룩해야 합니다.

이런 의미에서 영적인 것과 물질적인 것은 별개의 것이 아니라 동일하게 거룩하고 영적인 것입니다.

35

돈에 마음을 한번 주면 틀림없이 염려에 끌려 다니는 사람이 됩니다. 염려는 배금 바이러스가 일으키는 열병입니다. 돈을 숭상하는 자는 반드시 그 열병에 걸립니다.

36

"해롭고 쓸데없고 무익한 염려를 오늘까지 끌어안고 자식처럼 끼고 앉아서 내놓지 않는 이런 바보 같은 짓은 내가 안 하겠다. 주여 옳습니다. 이 염려로부터 내가 벗어날 수 있게 해주시옵소서. 주여 이 염려를 묶어서 꼼짝 못 하게 해 주십시오." 하고 기도한다면 성령께서 우리를 도와주실 것입니다. 세상이 너무 험하기 때문에 우리가 염려로부터 완전히 등을 돌리지는 못하지만, 염려가 함부로 날뛰지 못하도록 묶어 놓을 수는 있다는 것입니다.

37

우리가 비판한 말은 없어지지 않고 누군가의 마음에 머물러 있습니다. 따라서 성령께서는 우리가 비판하지 않도록 항상 도와주시며, 형제를 불쌍히 여기는 마음을 계속해서 일으켜 주십니다.

우리 가운데 비판받지 않을 만큼 온전한 사람은 없습니다. 우리 모두는 예수님을 닮은 온전한 자가 되고자 하는 공동의 목표를 가지고 있지만, 허물과 약점으로 얼룩진 십자가를 벗을 수가 없습니다. 그러므로 우리는 서로를 불쌍히 여겨야 하는 것입니다.

38

세상에 살되 세상에 속하지 아니한 사람답게 살려고 하는 노력, 이것이 영적인 삶입니다. 그래서 하나님의 관심사와 우리의 관심사를 일치시키고 우리의 삶의 무게를 하나님의 나라에 두는 것입니다. 이것이 그의 나라와 그의 의를 구하는 것입니다.

'하나님이 기뻐하시는 일을 항상 제일 먼저, 내가 좋아하는 것은 제일 뒤에'하는 식으로 우선순위를 바로 정하고 신앙생활을 하려고 노력하는 것이 하나님의 나라를 구하는 것입니다.

한 걸음 더 나아가서는 나의 젊음과 나의 인생을 주님의 영광을 위해서 헌신하는 것이 하나님의 나라를 구하는 것입니다.

39

염려하지 말아야 하는 우리가 왜 기도를 합니까? 바로 기도가 염려의 백신이기 때문입니다.

기도하면 염려가 사라져 버리지만, 기도를 그만두면 염려가 발병합니다. 그러므로 기도하는 것과 염려하지 않는 것은 신앙생활에서 항상 병행되는 것입니다.

#40

예수님께서 우리에게 산상수훈을 주시면서 특별히 순종을 명하신 이유가 있습니다. 바로 우리 모두가 예수님을 닮아가는 작은 예수가 되기를 소원하셨기 때문입니다.

죄인이요, 하나님과 원수 되었던 우리가 하나님의 거룩한 아들과 딸의 모습으로 변할 수 있다고 인정해 주신다는 자체가 엄청난 영광이요, 특권이 아닐 수 없습니다. 기억해야 할 것은 믿음만으로 예수님을 닮아갈 수 없다는 것입니다.

반드시 믿음과 순종의 과정을 통해서 주님의 모습을 닮아갈 수 있습니다. 이 길이야말로 영생이 있는 길이요, 영원토록 하늘의 별처럼 빛나는 복의 길입니다.

#41

아직도 교회 안의 많은 사람이 신앙생활이 자기 부인(否認)을 전제로 한다는 사실을 모르고 있습니다. 또 설령 안다 해도 무시하며 살아가고 있습니다. 자기를 부인하기보다 긍정하기에 바쁘고, 옛 자아의 욕심을 포기하기는커녕 그것을 성취하는 수단으로 신앙을 이용하려고 합니다.

이런 사람들은 좁은 문으로 들어왔을지는 모르지만 좁은 길을 걸어가는 사람은 아닙니다.

#42

길가에 주저앉아 기도가 힘들다는 배부른 소리는 하지도 마세요. 기도하지 않고도 십자가를 질 수 있다는 교만은 내 힘으로 구원받을 수 있다는 교만과 같습니다.

#43

각자의 십자가의 모양은 다를 수 있습니다. 그러나 중요한 것은 우리 모두에게는 자기가 져야 할 십자가가 있다는 사실입니다. 이것은 목회자가 대신 져 줄 수 있는 것도 아니요, 가족이 대신 져 줄 수 있는 것도 아닙니다.

바로 내가 져야 할 십자가입니다. 그리고 감사한 것은 우리가 지고 갈 십자가의 무게보다 받게 될 영광이 더 크다는 사실입니다.

#44

믿음으로 염려를 꽁꽁 묶어 버리십시오. 그리고는 창고에 가두고 자물통을 잠그십시오.

#45

진정한 기적이 무엇입니까? 남들 눈에는 보이지 않는 신비한 것을 보고, 불치병이 낫고, 하늘의 해가 멈추는 것이 기적인가요? 아닙니다. 반항하던 자녀가 부모의 품으로 돌아오는 것이 기적이요, 성도를 핍박하던 자가 무릎 꿇고 회개하는 것이 진정한 기적의 역사입니다. 이것은 돈이나 노력으로 가능한 것이 아니라 오로지 사랑으로라야 가능한 것입니다.

사랑은 믿음과 선행에 절대 우선하며, 사랑은 기적을 만들어 냅니다.

은혜의 발걸음 Ⅳ

#타고난 최적의 설교자, 옥한흠 _ 04

저에게 그분이 타고난 설교자라고 말할 수밖에 없는 네 번째 이유는 설교자로서의 우월함을 돋보이려 하지 않는 모습과 과하지 않은 듯하지만, 꼭 강조하고 전해야 하는 부분에서는 주저하지 않고 솔직한 감정을 표현한다는 점입니다.

두 눈을 반짝이며 자신의 설교를 듣고 있는 성도들 앞에서 절제된 모습으로 말씀을 전하며 강조점에서는 자신 특유의 화법을 담아 전달하십니다.

종종 들을 수 있는 그분의 말, "하나님 앞에서 까불지 마세요." 등등의 표현이 한 예라고 할 수 있습니다.

설교를 통해 드러나는 옥한흠 목사님의 모습은 물항아리가 가득 차서 흘러넘치는 물처럼 자연스럽습니다. 그래서 그분의

강조는 조금도 과장으로 느껴지지 않습니다. 오히려 신뢰의 느낌으로 다가옵니다.

#타고난 최적의 설교자, 옥한흠 _ 05

저에게 그분이 타고난 설교자라고 말할 수밖에 없는 다섯 번째 이유는 그분의 성품과 기질입니다. 스스로에겐 너그럽지 못하지만, 성도들에겐 그들의 고통과 고뇌에 공감하기 위해 한없이 너그러워지기 위해 애쓰신 모습은 그의 설교 속에 고스란히 드러납니다. 그분은 언젠가 다음과 같이 말했습니다.

"목회자는 위로자이어야 한다. 할 수 있다면 위로를 넘어 성도들의 고통이나 고난을 대신 질 수 있어야 한다. 그래 야 제대로 된 목회자이다."

그랬기에 그분은 성도들이 자신을 보며 '작은 예수'를 느끼길 원하셨습니다. 그래서 아마도 그분은 "남들이 자신을 보며 무엇을 생각할까?"라는 질문에 중요하게 집착했을 수 있습니다. 남의 눈을 의식해 이중적인 삶을 살았다는 의미가 전혀 아닙니다. 어쩌면 이런 집착은 공인이라면 누구나 가져야 하는 기본 자질이 아니겠습니까?

그래서 옥 목사님은 그 누구보다 공인으로서 목회자라는 자신의 직분에 합당한 모습을 갖춘 적격자였습니다. 그런 그분의 기질이 설교와 글 속에 녹아있기에 그의 설교와 글은 영향력이 있습니다.

무책임한 공인과 사회지도자들이 범람하는 현실에서 제게 옥한흠 목사님과의 만남은 실로 생수요 산소와 같았습니다. 그

분이 조금 더 오래 사셔서 단 한 번이라도 그분을 가까이에서 뵙고 말씀을 듣지 못한 것이 아쉬울 뿐입니다.

옥한흠 목사님께서 그토록 간절히 원하셨던 교회의 영광이 회복되고 예수 그리스도의 제자들이 이 세상 속에서 진정한 소금으로 살아가는 그 날이 올 수 있기를 간절히 소망합니다.

옥한흠 목사님, 당신이 그립습니다!

고민을 안고
씨름하는 목회

문제를 '문제'로 생각하십시오

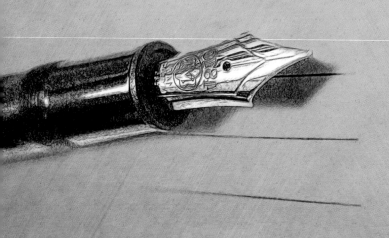

사역자를 향한 **정문일침**

頂門一鍼

예수님이 승천하시면서 제자들에게 모든 족속으로 '교인을 만들라'고 하지 않으시고 '제자 삼으라'고 하신 것은, 그가 다스리시기를 원하시는 새 왕국의 백성은 예외 없이 자기를 닮은 사람들이 되기를 소원하셨기 때문입니다.

고민을 안고
씨름하는 목회

문제를 '문제'로 생각하십시오

01

평신도의 재발견이라는 것은 지도자들에게 대단히 무거운 짐이 아닐 수 없습니다. 왜냐하면, 그것은 목회 방향과 강조점을 대폭 수정하도록 강요하는 것이나 다름없기 때문입니다. 많은 목회자가 평신도에 대해 깊은 관심을 가지고 있음에도 불구하고 두려움과 좌절감을 떨쳐 버리지 못하고 있는 것은 그 문제가 그만큼 목회의 깊은 곳을 건드리는 날카로운 데가 있기 때문입니다.

솔직하게 말해서 우리는 평신도 문제를 가지고 전통적인 목회 철학에 어떤 변화를 추구하는 것을 대단히 주저하고 있습니다. 주저한다기보다 싫어하는 편입니다. 왜 그럴까요? 그 것은 마음에 드는 어떤 방법론을 하나 빌려 와서 모방한다고 해서 해결될 수 있는 성질의 것이 아니기 때문입니다. 그 문제는 아무도 건드리려 하지 않는 환자의 환부를 찾아 수술할 것을 결단하는 일이나 다름없습니다.

이런 의미에서 평신도에 대한 새로운 각성은 개혁의 성격을 띠고 있다고 보아야 할 것입니다.

02

소명자의 순수한 자리는 '무조건'입니다.

03

하루아침에 싹이 나는 것들은 다 나물입니다. 큰 백향목이나 전나무 같은 거목은 정성껏 물을 주어도 하룻밤 사이에 훌쩍 자라진 않습니다.

04

무엇을 위해서 사느냐가 아니라 누구를 위해 사느냐임을 명심하십시오.

05

평신도를 깨우고 싶은가요? 주님이 자신에게 맡기신 몇 명의 양들을 놓고 그 자체가 완전한 하나님의 에클레시아(Ecclesia)라는 사실을 확신할 수 있어야 합니다. 세상은 우리가 섬기는 작은 지역 교회를 통해 하나님의 나라가 가까이 임하고 있음을 보게 될 것이라는 긍지를 가져야 합니다.

목회 현장을 이렇게 보는 패러다임이 바뀔 때, 한 영혼을 붙들고 예수의 제자로 만드는 일에 미친 사람처럼 헌신할 수 있습니다. 날마다 큰 교회를 곁눈질하는 목회자는 제자를 절대로 만들 수 없습니다. 그렇다고 큰 교회를 부정하는 말은 아닙니다. 하나님의 교회는 그 크기에 의해서 결정되는 것이 아니라는 말을 하는 것입니다.

#06

우리 모두는 세상으로부터 부름 받은 하나님의 백성이며 세상으로 보냄 받은 그리스도의 제자입니다.

#07

오늘날 한국 교회를 걱정하거나 비판하는 소리를 자주 들을 수 있습니다. 우리는 심상치 않은 자각 증세를 오래전부터 자기만 아는 속앓이처럼 가지고 있습니다. 그것은 현실 교회를 볼 때마다, 마치 제멋대로 쌓아 올린 벽돌 더미 곁에 있는 것 같은 불안과 두려움을 느끼기 때문이다.

솔직히 말해 우리 모두는 교회를 볼 때 될 수 있는 긍정적인 시각을 갖기를 원합니다. 예수 그리스도가 승리하셨기 때문에 교회의 미래를 놓고 부정적인 시각을 가진다면 그것은 곧 불신앙으로 간주할 수 있을 것입니다. 더욱이 교회에 관한 한 언제나 밝고 적극적인 어조로 말해야 하는 것처럼 인식해 왔습니다. 그러나 수십 년 동안 양적 성장에만 매달렸던 한국 교회가 듣기 좋은 낙관론을 펴고 앉아 있기에는 그 형편이 지금 매우 심각하다는 데 문제가 있습니다. 성장이 멈추었다거나 개척 교회가 잘 안 된다는 것 때문에 하는 말이 아닙니다. 그런 것들은 심장병 환자가 느끼는 자각 증세에 지나지 않습니다.

우리를 긴장시키는 것은 자각 증세가 아니라 심장병 그 자체인 것입니다. 우리는 지금 이렇게 고백해야만 하는 입장이 되었습니다.

'교회 부흥이 왜 안 되는가? 교회 때문에 안된다.
교회가 부흥을 가로막고 있다.'

우리가 과감히 걷어 내어야 할 거품이 한둘이 아닙니다.

물론 부흥은 양과 질을 다 포함하는 것이라고 성경은 가르치고 있습니다. 어느 한 편으로 치우쳐서 균형을 잃는 것은 진정한 부흥이 아닙니다.

어떤 경우에도 한 가지 분명한 사실은 질이 양을 결정하는 부흥이 '건강한 부흥'이라는 것입니다. 그러나 거꾸로 우리가 양이 질을 결정할 수 있다는 생각을 조금이라도 한다면 우리는 이미 기독교의 본질에서 벗어나고 있다는 사실을 자각해야 할 것입니다.

" 말씀의 부흥이 일어나야 합니다.
　 말씀을 통해서 성령의 바람이 불어야 합니다 "

2007년 8월 _ 영성수련회

#08

목회는 목회자 자신만큼 딱 그만큼 발전하게 되어 있습니다. 평신도의 수준 또한 전적으로 목회자의 수준에 달려 있음을 명심합시다.

#09

조금이라도 내 것을 생각하고, 나를 위한 무언가를 기대한다면 그때부터 초라해지는 건 시간문제입니다. 내가 사는 길은 나를 비우는 것입니다. 다 내려놓는 연단을 받았습니까?

#10

진짜 강함은 인간의 약함 속에서 채워진다는 사실을 잊으면 안 됩니다.

#11

하나님의 말씀 앞에서 그대로 사는 것이 잘 안 되면 흉내라도 내십시오. 위선자가 되지 않으려면 흉내라도 내십시오. 우리는 본능적인 수준의 사랑을 뛰어넘어야만 합니다.

12

사람은 자기가 본 것만큼 말할 수 있고 올라온 자리만큼 인도할 수 있습니다.

'내가 조금만 더 높이 올라갔더라면 성도들이 더 올라갈 수 있었을 텐데, 조금만 더 은혜의 산등성이에 이르렀다면 성도들도 그곳까지 이르렀을 텐데…. 내가 못 올라와서 성도들도 못 올라왔구나!' 하고 생각될 때면 나 자신의 한계 때문에 '예'라고 하는 은혜의 그 깊은 세계를 제대로 보여 주지 못한 데 대한 가책을 받습니다.

13

제자훈련은 은혜로 하는 것입니다. 내가 하는 게 아닙니다. 은혜로 하려면 은혜가 있어야 합니다. 은혜를 알아야 합니다.

만약 여러분이 이런 부분에서 부족하다면 정말 고민해야 합니다. 고민하지 않고 자연스럽게 받아들인다면 그건 삯꾼입니다.

14

위선이 악습으로 몸에 배면 양심도 없어집니다.

" 우리는 본능적인 수준의
　 사랑을 뛰어넘어야만 합니다 **"**

2003년 6월 _ 전국 수련회

#15

행여 말은 비단 장수처럼 하면서 실제 삶은 자신이 한 말과
전혀 다른 사역자는 아닙니까?

#16

작은 손목시계 하나도 겉으로 보이진 않지만, 그 안에 여러
부품과 작은 톱니바퀴들이 서로 맞물려 움직일 때 작동이 가
능합니다. 하나님의 나라에서 내가 얼마나 큰 톱니바퀴인지 내
가 얼마나 큰일을 하는지는 그리 중요하지 않습니다.

#17

내 발등에 불을 끄는 일만이라도 차질 없이 해야겠다는 생
각으로 일하십시오.

#18

교역자의 중요한 역할은 누구를 대신하거나 대표하는 데
있지 않고 평신도가 참 제사장으로서 그 특권을 행사할 수 있
도록 그들을 돕고 지도하는 데 있는 것입니다. 그리고 우리가

한 가지 더 알아 두어야 할 것은 교직은 모범을 보여 주는 위치라는 사실입니다. 특히 섬기는 자로서의 모범을 보여야 합니다. 교역자와 평신도의 관계를 바로 유지하기 원한다면 평신도는 교회요 교역자는 그 교회를 섬기고 하나님이 원하시는 대로 그들을 온전케 하는 일에 전력을 다하기 위해 임명된 종이라는 사실을 확신하는 길밖에 없습니다.

한국 교회에서 교역자는 좀 더 낮은 자리로 내려앉을 필요가 있습니다. 그리고 평신도는 그들을 섬기는 교역자가 지닌 종의 권위에 겸손하게 복종하면서 평신도 본연의 역할을 다시 회복하지 않으면 안 될 것입니다.

19
"영광스러운 주님의 나라를 위해서 미천한 것들을 부르시고, 자격도 없고 함량 미달인 우리를 붙잡고 사용하셔서 영광 받고자 하심은 하나님의 오묘한 진리요, 하나님의 짐인 것을 압니다."

20
사실 하루하루 고민을 안고 씨름하는 것이 목회입니다.

21

세상은 평신도를 보고 교회를 압니다. 평신도가 보여 주는 이미지에 따라 그들은 교회를 골리앗과 맞서는 다윗으로 보든지 아니면 공포에 떠는 사울 왕으로 보는 것입니다. 그러므로 평신도는 교회의 객체가 될 수 없습니다.

그들은 정기적으로 예배에 나와 경건한 의식에 잠깐 감명을 받고 돌아가는 관람객이나 교회 운영에 보탬을 주는 단골 손님이 아닙니다. 더욱이 주인의 명령에 마지못해 움직이는 하인의 신분도 아닙니다.

평신도는 그 말의 본래 의미대로 하나님의 백성이며 교회의 주체입니다. 성직자와 평등하게 그리스도의 몸에 속한 지체들입니다. 그들 모두가 머리 되신 주님으로부터 소명을 받고 있습니다. 이 소명을 위해 성령은 각자 분수에 맞는 은사를 주어 몸의 지체로서 그 기능을 다 하게 하십니다.

22

하나님의 말씀을 듣고 울진 못할지언정, 가슴을 치진 못할지언정 말씀을 가지고 장난쳐서야 되겠습니까? 말씀을 묵상하며 엉엉 우는 평신도만큼은 따라가지 못하더라도 말씀 앞에서 벌벌 떠는 모습은 있어야 하지 않겠습니까?

23

생각이 하나의 패턴이 되기까지는 상당한 시간이 걸립니다. 은혜도 필요하고, 시간도 필요하고, 습관화되는 과정도 필요합니다. 어떻게 생각하느냐에 따라 습관의 패턴이 결정됩니다. 나쁜 생각으로 습관화가 진행되면 나쁜 생각의 패턴으로 고착되고 반대로 좋은 생각으로 습관화가 진행되면 좋은 생각의 패턴으로 자리 잡게 됩니다.

24

농부가 씨만 뿌리고 이후로 돌보지 않는다면 농부로서 타락한 것이나 다름없습니다.

25

내가 잡지 않은 생선을 훈련생에게 줄 수 없습니다. 내가 깨닫지 못한 진리, 내가 경험하지 못한 은혜를 전할 수 없습니다.

26

너무 바쁘면 '한 사람'을 잃어버린다는 것입니다.

27

교회 갱신이 목적입니까? 교회 갱신이 목적이라면 희망이 없습니다. 교회 갱신은 수단입니다. 교회 갱신이 어느 정도 되고 성벽이 쌓아지면, 하나님께서 말씀의 은혜, 성령의 역사를 교회에 부어 주실 것을 믿어야 합니다.

말씀대로 사는 것과 정치하는 것은 다르다고 생각하는 사람들이 많습니다. "성경적으로 하자"고 하면 순진한 사람 취급하거나, 항상 이중적인 생각으로 머리 굴리며 사는 사람들이 있습니다. 우리가 이런 사람들하고 어떻게 하나님 일을 하겠습니까? 또 어떻게 그런 풍토에 짓밟혀서 우리의 삶을 보냅니까? 그러므로 말씀의 부흥이 일어나야 합니다. 말씀을 통해서 성령의 바람이 불어야 합니다. 우리가 모두 다시 새로워져야 합니다. 남 욕할 것 하나도 없습니다. 우리도 다 침묵하면서 동조한 사람들이니까 똑같이 냄새나는 사람들입니다.

성벽을 쌓고 말씀의 부흥을 다시 불러오는 것이 일만 교회 운동보다도 우선되어야 하는 것입니다. 세계 선교보다도 앞선다는 사실을 잊지 마시기 바랍니다.

28

세상 앞에서 자기 옷을 벗는 고백을 할 수 있어야 합니다.

29

성령은 목사를 스승으로 사용하지 않습니다. 훈련생 스스로를 사용합니다. 그래서 서로 배우고 서로가 가르치는 공생의 관계에 있는 것입니다. 보완관계에 있는 것입니다.

30

성경에는 '제자도(Discipleship)'라는 말이 없습니다. 그리고 제자라는 말의 정의도 설명되지 않았습니다.

그 대신 무엇이 제자라고 불리는 사람의 인격이며 삶인가를 이야기하는 내용은 가득하게 들어 있습니다. 그래서 제자도가 무엇인가를 설명하는 것이 어렵다거나 막연하지 않습니다.

제자도란, 정의를 내릴 문제라기보다 실제적인 인격과 삶을 통해 이해되어야 하기 때문입니다.

다시 말해 제자도는 믿는 자의 삶이요, 걸어가야 할 과정이요, 끝까지 지향해야 할 목표요, 동시에 교회의 사역 자체라고 할 수 있습니다.

평신도를 깨워 예수 그리스도의 제자로 만들어야 할 중차대한 책임을 지고 있는 목회자는 자기가 하는 일이 무엇인가를 바로 알기 위해 성경을 펴고 제자도를 정확하게 배워야 할 것입니다.

" 내가 사는 길은
　　나를 비우는 것입니다 **"**

2008년 10월 _ 국제제자훈련원 집무실

#31

"내가 나 자신을 변명하지 않아도, 세상 사람들이 나를 볼 때 작은 예수로 볼 수 있도록 내 삶이 주님을 닮아가고 내 인격이 주님을 닮아 갈 수 있도록 축복해 주시옵소서."

#32

하나님은 세상에 있는 모든 사람의 짐을 지시겠다고 말씀하지 않습니다. 오직 의인의 짐을 져 주시겠다고 말씀합니다. 그렇다면 누가 의인입니까?

#33

우리의 짐이 아무리 무거워도 하나님이 기뻐하시면 언제든지 내려주실 수 있음을 믿으시기 바랍니다.

#34

교역자는 청중을 알아야 하고 청중이 몸담고 있는 사회와 국가를 알아야 합니다. 제대로 알기 전에 떠들면 안 됩니다.

35

결국, 말씀이 사람을 바꿉니다. 말씀이 기도하게 하고, 말씀이 찬양하게 합니다. 말씀이 무너지면 다 무너집니다.

36

하나님 말씀의 깊은 우물로 영혼을 채워줄 수 있는 설교가 당신에게 있습니까?

37

소명자로서의 최소한의 양심이 작용하는 시스템을 구축하십시오.

38

그럴지라도 명심하십시오. '한 사람'이 중요합니다. 한 사람한 사람이 교회입니다. 여러분이 살면 하나님 나라가 완성되는 것입니다. 과연 여러분은 각 사람을 얼마나 중요하게 생각하고 있습니까? 여러분이 목회자로서 제대로 사역하길 원한다면 이런 사소한 것부터 바로 잡아야 합니다.

39

그러므로 '나는(교역자) 성도들이 주목하는 본보기다'라는
사실을 한시도 잊지 마십시오.

40

교역자가 교인들에게 요구하는 것은 최소치여야 합니다.
최대치를 요구하여 도리어 최소치를 얻어선 안 됩니다.

41

훈련에서 탈락하는 사람에 대해선 그 사람이 감동 받고 탈
락할 수 있도록 배려하십시오.

42

평신도가 잠자고 있거나 주저앉아 있는 교회는 절대로 건
강하다고 볼 수 없습니다.
어떤 의미에서는 성직자와 평신도 사이를 갈라놓는 선이
희미해질수록 그 교회는 성령의 창조적 사역이 훨씬 활발하게
일어나는 현장이 될 수 있습니다.

#43

목회도 혼자 하면 안 됩니다. 교역자 혼자 뛰는 교회는 별로 소망이 없습니다. 모든 평신도 가운데 훈련받은 자들이 사역자로 세워져서 함께 뛰어야 합니다. 이게 건강한 목회입니다. 목회자는 리더십을 책임지고, 사역은 평신도가 책임지는 것입니다. 목회자가 리더십과 사역을 전부 독차지하고 혼자 뛰겠다고 하는 것은 전부 죽자는 것입니다.

목사는 평신도의 가슴에 주님의 선한 일을 할 수 있도록 동기를 부여하고, 그들을 그리스도의 제자로 세워서 함께 일할 수 있는 사역자로 발굴해야 합니다. 이것이 리더십이고, 목사가 해야 할 일입니다.

#44

단지 희생하는 것으로 머물면 안 됩니다. 내가 은혜받아야 합니다.

#45

신앙 생활하면서 사람들이 좋아하는 것을 좋아하고, 사람들이 싫어하는 것을 싫어하는 수준을 벗어나야 합니다.

46

예수님이 가르쳐 주신 진정한 권위는 섬기는 데 있습니다.

47

참 예배자는 가만히 있는데 생기는 것이 아닙니다. 만들어 지는 것입니다. 평신도를 철저하게 훈련해서 그리스도의 제자로 만든다는 말은 참 예배자를 창조한다는 것을 의미합니다.

예배 일변도의 목회는 참 예배자를 창조하는 수고를 방해합니다. 경우에 따라서는 그렇게 할 필요가 없는 것처럼 위선을 하게 만듭니다.

48

믿는 사람이 있어도 소금의 맛을 내지 못하면 그것은 허세에 지나지 않습니다. 이것이 개신교의 현주소라고 할 때 얼마나 안타깝습니까? 그러므로 우리가 진정한 부흥을 사모한다면 우리의 허세를 실세로 바꾸는 작업부터 서둘러야 할 것입니다.

이것은 회개를 의미할 수도 있고 자체 정비를 말하는 것일 수도 있을 것입니다.

"그럴지라도 명심하십시오.
  '한 사람'이 중요합니다"

2000년 8월 _ 영성수련회

" 예수님이 가르쳐 주신 진정한 권위는
섬기는 데 있습니다 "

*옥한흠 목사님이 보시던 오래된 성경책입니다.

49

자신이 듣지 못한 하나님의 음성을 아무리 외친들 그 외침
이 사람들의 마음속으로 파고들 리 없습니다.

50

문제를 '문제'로 생각하십시오.

51

예수님은 세상에 계실 동안 일기장 한 줄 남겨 놓지 아니하
셨습니다. 그가 남겨 놓은 유일한 유산은 그에게서 배운 무식
하고 평범한 제자들 몇 사람뿐이었습니다. 그에게는 소수의 제
자를 만드는 작업이 자기의 생애를 걸고 투자할 만한 가치가
있었던 것입니다.

예수님이 승천하시면서 제자들에게 모든 족속으로 '교인을
만들라'고 하지 않으시고 '제자 삼으라'고 하신 것은, 그가 다
스리시기를 원하시는 새 왕국의 백성은 예외 없이 자기를 닮
은 사람들이 되기를 소원하셨기 때문입니다.

*옥한흠 목사님의 30대 부교역자 시절입니다.

" 단지 희생하는 것으로 머물면 안 됩니다.
내가 은혜받아야 합니다 "

2010년 4월 _ 이 사진은 공식적인 자리에서 마지막으로 찍으신 사진입니다.

은혜의 발걸음 V _별세의 사람 옥한흠

내가 생각하는 옥한흠 목사

옥한흠 목사는 신본주의자가 아니다. 그러나 그 중심에는 그리스도가 있다. 옥한흠 목사는 인본주의자는 더더욱 아니다. 그러나 그 중심에는 사람에 대한 사랑이 있다.

"내게 사는 것이 그리스도니."(빌 1:21)라는 말씀대로 그는 철저하게 그리스도의 사람일 뿐이다. 살아도 주를 위해 살고 죽어도 주를 위해 죽는 그리스도의 사람일 뿐이다. 옥한흠 목사는 보수주의자가 아니다. 그러나 그에게는 복음을 지키려는 마음이 있다. 그는 진보주의자도 아니다. 그러나 그 속에는 그리스도의 복음으로 세상을 진보시키려는 사상이 담겨있다.

사람을 사랑한 그 사람

하나님을 사랑하면 사람을 사랑하게 된다. 옥한흠 목사는

예수에 미친 사람이요 곧 별세의 사람이다. 그는 예수님에게 미친 만큼 사람에게 미쳤다. 예수님은 사람을 미치도록 사랑하셨다. 십자가에 못 박혀 죽기까지 사랑하셨다. 예수님은 사랑하는 사람들을 제자로 삼았다. 예수님에게 미친 사람은 예수님의 제자 삼는 사역에도 미칠 수밖에 없었다.

예수님의 제자 옥한흠도 사람을 사랑하였다. 미치도록 사랑하였다. 그러한 '사람 사랑'이 없었다면 오늘의 사랑의교회를 일구어내지 못하였을 것이다.

교회를 살리는 사람

옥한흠 목사는 '한 교회'를 살린 목회자이다. 한 명의 목사는 한 번에 하나의 교회만을 살릴 수 있을 뿐이다. 그것은 한

"말씀이 사람을 바꿉니다.
말씀이 기도하게 하고,
말씀이 찬양하게 합니다.
말씀이 무너지면 다 무너집니다"

사람이 한 번에 한 명의 영혼만을 사랑하고 살릴 수 있다는 원리와 통한다.

　옥한흠 목사는 수많은 교회를 개척했거나 담임한 목사가 아니다. 오직 사랑의교회 하나를 개척하고 담임하며 건강하게 성장시켰을 뿐이다. 그러나 이것이 소중하다. 많은 교회를 전전한 것이 목회자의 자랑이 될 수는 없는 것이다.

　다만 그가 한 교회를 개척하거나 담임하는 동안 그 교회 성도들의 영혼을 살리고, 마음을 치유하고, 선교에의 의지를 확립시킬 때 그 목회자는 성공한 목회자가 되는 것이다. 옥한흠 목사는 사랑의교회라는 한 교회를 완전히 살려냈다.

　　　　　『8인이 말한 옥한흠』(국제제자훈련원) 中 별세의 사람 옥한흠

　　　　　　　　　_ 故 이중표 목사

문득, 당신이 그리워질 때…

국제제자훈련원에서 근무하던 어느 날, 옥 목사님이 저를 호출하셨습니다. 얼마 전 출판한 당신의 사진집을 갖고 오라 하셨지요. 사진집에 무슨 문제가 생겼나 마음 졸이며 집무실에 들어섰습니다.

"자네 여기 앉게."

목사님이 내밀어 준 의자는 당신이 앉으시는 집무실 의자였습니다. 황급한 마음에 사양했지만, 목사님은 작은 보조 의자를 끌어 제 옆에 앉으시면서 "너 단디 적어라" 하셨습니다.

그러시고는 사진집을 펼치시고 하나하나 수정할 곳을 지적해 주셨습니다. 주로 본인의 글을 바꾸고 싶어 하셨고, 몇몇 사진은 보정을 원하셨지요.

한참을 받아적고 나니 목사님이 "이거 좀 팔렸느냐?"라고 물으셨습니다. 솔직히 사진집이라는 게 잘 판매되는 아이템이 아니었지만 "예, 그래도 반응이 좀 있습니다"라고 둘러댔지요.

그러자 목사님이 "나 이거 수정해서 더 만들고 싶다" 하셨습니다. 아마도 몇몇 부분이 못내 마음에 걸리셨나 봅니다.

"네, 알겠습니다" 라고 대답하고 나오려는 순간, 목사님이 저를 다시 불러 세우셨습니다.

"근데, 이거 제작비가 얼마 드나?"

"사진집이라 칼라인쇄고, 종이도 비싸고요…, 대략 '얼마얼마' 듭니다."

제 답변에 목사님은 깜짝 놀라시며

"그리 많이 드나? … 됐다. 치아라."

놀라시며 만들기를 포기하시는 모습에 제가 오히려 당황했습니다. 비용이 좀 든다고는 하지만, 그렇다고 당신의 아쉬움을 뒤로 할 정도로 심한 비용도 아니었거든요.

"목사님, 책 만들어서 더 열심히 팔면 됩니다."

"됐다. 그만두자….'

그 이후 저를 한 번 더 부르셨습니다. 일전에 만든 사진집에 친필 사인과 함께 '정말 수고했다'라고 써주셨습니다. 아마도 이 책에 당신께서 만족하겠다는 마음을 가지신 것 같았습니다.

옥 목사님이 돌아가시고 얼마 지나 저도 국제제자훈련원을 퇴사했습니다. 그러던 어느 날, 빼곡히 메모지가 꽂힌 사진집을 우연히 다시 열어보게 됐습니다.

아! 그때, 마음을 접으시면서도 못내 아쉬워하던 목사님의 눈빛이 떠올라 울컥했습니다.

목사님께 '더 만들어도 아무 문제 없습니다'라고 말씀드리지 못한 저 자신을 얼마나 책망했는지 모릅니다. 두고두고 그때의 목사님이 잊히질 않습니다.

옥 목사님 소천하시고 5년이 지난 지금, 참으로 부족한 제가 어록집을 출판하게 됐습니다. 혹여라도 목사님께 누가 될까 노심초사 이 책에 매달렸지만, 목사님의 큰 뜻을 제대로 담지 못해 송구합니다. 그래도 목사님이 주신 제 마음속 격려 하나 보고 만들었습니다. 이 책에 실린 몇몇 사진은 그때 목사님이 보정을 원했던 사진입니다. 더불어 저에게 써주셨던 '정말 수고했다'는 글귀는 이 책 속표지에 넣었습니다.

이 책을 내면서 격려 주신 김영순 사모님과 유가족, 국제제자훈련원과 도움 주신 여러분께 진심으로 감사드립니다.

옥 목사님이 주신 격려를 이 책을 통해 많은 분과 나누고 싶습니다.

고경원

📖 필로출판 대표 (전 국제제자훈련원 디자인 실장)

• 고통에는 뜻이 있다 • 무엇을 기도할까? • 고통을 다루시는 하나님의 손길 • 내 영혼을 깨우는 말씀 • 빈 마음 가득한 행복 • 제자훈련 열정 30년 • 아름다움과 쉼이 있는 곳 • 안아주심 • 하늘 행복으로 살아가는 작은 예수 • 평신도를 깨운다 • 나의 고통 누구의 탓인가? • 그리스도인의 자존심 • 구원받은 자는 이렇게 산다 • 아무도 흔들 수 없는 나의 구원 • 개척 10년 나누고 싶은 이야기 • 길 • 문밖에서 기다리시는 하나님 • 시험이 없는 신앙생활은 없다 • 소명자는 낙심하지 않는다 • 쉼

• 예수 믿는 가정 무엇이 다른가 • 이 험한 세상 어떻게 살까 • 이것이 목회의 본질이다 • 전도 프리칭 • 전쟁을 모르는 세대를 위하여 • 희망은 있습니다 • 하나님 정원에서 행복을 이야기하다 • 자연 & 동심의 행복 • 교회는 이긴다 • 아프지도 말고 죽지도 말자 • 8인이 말하는 옥한흠 • 나를 사랑하느냐 • THE ESSAY _〈도서출판 국제제자훈련원〉

• 옥한흠 목사가 목사에게 • 내 영혼을 깨우는 말씀 • 다시 복음으로 _〈도서출판 은보〉

은보 옥한흠의 생애와 사역
玉漢欽 1938년 12월 5일~ 2010년 9월 2일

거제도 믿음의 집안에서 출생 1938~1957, 10대

1938년 12월 5일, 옥 목사는 경상남도 거제도 산골 마을에서 아버지 옥약실과 어머니 이희순 사이에서 3남 1녀 중 장남으로 태어났다. 어린 시절 어머니를 따라 사경회란 사경회는 다 쫓아다녔고, 거제 일운초등학교 3학년 때 구원의 감격을 경험했다. 거제 대광중학교 시절 수련회에서 또 한 번 십자가의 강력한 은혜를 체험했다.

주일학교를 지도하다 1958~1960, 20대

해군사관학교에 지원했으나, 신체검사에서 '고혈압' 판정을 받아 시험도 보기 전에 자격이 박탈됐다. 다시 도전하기 위해 재수를 하던 그는 증조부가 세웠던 삼거리교회에서 주일학교 지도를 하면서 그만의 열정으로 주일학교를 부흥시켰다.

성균관대 · 총신 신대원 입학과 결혼 1961~1968, 20대

1961년 군에 입대해 낮에는 근무하고 밤이면 입시준비를 했다. 1962년 당시 야간 대학으로는 가장 인기가 높았던 성균관대학교 영

문학과에 입학했다. 1963년 폐결핵 판정을 받고 대학 2년간의 처절한 투병 생활 끝에 완치된 그는 김영순 사모를 만나 1965년 4월, 27세의 나이에 결혼했다. 1968년 성균관대학교를 졸업하고, 그해 총신대학교 신학대학원에 수석으로 입학했다.

총신 신대원과 성도교회 부교역자 시절 1968~1972, 30대 초반

총신 신대원 재학시절 서울 은평교회에 전도사로 부임한 그는 100
명이었던 주일학교를 500명까지 성장시켰다. 그 후 1970년 김희보
목사의 요청으로 성도교회 사역자로 부임하고 이듬해 2월 총신대 신
학대학원을 졸업했다. 성도교회에서 자신의 인생의 분수령이 된 대
학부를 맡았고 1972년 34세에 대한예수교장로회(합동) 수도노회에
서 목사 안수를 받았다.

제자훈련의 모태, 성도교회 대학부 1972~1975, 30대 중반

옥 목사는 대학생들이 기성 교회에서 빠져나가 선교단체로 모이는
이유에 대해 궁금해했다. 그러다 성도교회 대학부에 막 올라온 방선
기로부터 네비게이토선교회에서 훈련받는 상황을 보고받고는 선교
단체에는 있지만, 기성 교회에는 없는 세 가지를 깨닫게 된다.

그것은 바로 복음, 훈련, 비전이었다. 대학생 12명과 함께 성
도교회에서 제자훈련을 시작한 그는 3M(Campus Ministry, Business
Ministry, World Ministry)의 비전을 갖고, 세상 속에서 영향력을 펼치는
그리스도인이 될 것을 주문했다.

유학, 제자훈련의 신학적 검증의 길 1975~1978, 30대 후반

제자훈련에 대한 신학적 논리와 성경적 체계에 대한 확신이 필요
했던 옥 목사는 1975년 장학생으로 선발되어 칼빈신학교(Calvin
Theological Seminary)로 유학을 가게 된다. 가난했던 그는 가족과 함께
유학을 떠날 수 없어 아내와 자식들을 경남 진영의 처가로 보내며
또다시 이별하게 된다. 그때 그는 미시간 주에 소재한 그랜드래피즈
한인교회(Church of Grand Rapids)에서 잠시 목회를 했다.

한스 큉의 『교회론』과 운명적 만남 1978, 40세

1977년 5월 칼빈신학교에서 신학 석사학위를 받은 그는 웨스트민스
터 신학교(Westminster Theological Seminary)로 자리를 옮겨 목회학 박
사과정을 밟았다. 그리고 그곳 구내 서점에서 한스 큉의 『교회론』을
발견한 옥 목사는 왜 제자훈련에 미쳐야 하는지, 평신도를 왜 제자
로 깨워야 하는지 확고한 신학적 답을 얻었고, 이후 귀국을 결심했
다. 귀국 전 그는 미국 전역을 여행하면서 제자훈련의 산실인 콜로
라도 스프링스에 있는 네비게이토선교회 본부를 방문했다.

강남은평교회 개척과 「사랑의교회」로의 개칭 1978~1981, 40대 초반

옥 목사는 기성 교회로 가고 싶은 유혹을 끊기 위해 1978년 6월 귀국하자마자 서둘러 그해 7월 23일 주일 오후 3시, 서울 서초구 유스호스텔 앞 3층짜리 건물 2층에서 강남은평교회 창립예배를 드렸다.

1981년 9월 강남은평교회는 '사랑의교회'로 이름을 바꾸었다.

"하나님은 사랑이심이라"(요일 4:8)라는 말씀 안에 내포된 십자가 의미를 좋아했던 그는 '사랑'이란 단어에 '의'라는 소유격을 붙여 그만의 목회철학을 드러냈다.

제자훈련에 미치다 1978~1984, 40대 초중반

사랑의교회에서 시작한 첫 제자반은 김영순 사모 혼자만 남고 실패로 끝났다. 신앙 연수만 오래된 이들에게 원색적인 말씀으로 도전하니 훈련생들은 얼굴이 빨개지며 쩔쩔매기 일쑤였다. 그러나 다시 시작한 여자 제자반은 영적으로 큰 변화를 맛보았다. 옥 목사는 교회 밖의 모든 모임이나 집회 요청을 거절하고 제자훈련에 완전히 집중했다. 여자 제자반이 성공하자, 1979년 남자 제자반을 처음으로 시작했다.

옥 목사는 구역장을 순장, 구역예배를 다락방이라는 명칭으로 바꾸었다. 소그룹 리더인 순장은 제자훈련과 사역훈련 2년을 마친 후에 세워졌다. 또한, 그는 주일예배를 통해 성도들이 예수님을 만날 수 있도록 설교에 생명을 걸었고, 주기도문송, 세례자 간증을 활용하여 성도들이 예배 시간에 복음을 체험하도록 했다.

1982년 10월 사랑의교회는 제1회 사랑의 생활화 세미나를 열었다. 이 세미나는 이후 '대각성전도집회'로 이름이 바뀌었는데, 기존 신자에게는 대각성을, 태신자들에게는 복음을 전하고자 했다.

카타콤 같은 지하 교회, 사랑의교회 건축 1983~1985, 40대 중반

옥 목사의 탁월한 설교와 제자훈련을 통해 배출된 순장들의 전도로 교인이 500여 명으로 증가하자 교회건축을 결의하고, 1985년 1월, 예배당 입당예배를 드렸다.

그해 서울시 건축상 은상을 받았고, 소음을 없애기 위해 카타콤처럼 지하로 예배실을 만든 점과 건축비가 모자라 가장 흠이 많은 불량품 붉은벽돌로 지은 것이 오히려 경건한 운치를 자아냈다. 십자가 대신 "하나님은 사랑이시라"는 글자를 강대상 앞에 붙였다.

큰 반향을 불러일으킨 『평신도를 깨운다』 출간 1984, 46세

1984년 6월 옥 목사는 『평신도를 깨운다』를 출간했다. 제자훈련 목회를 시작한 지 5년이 되자 제자훈련에 대해 중간결산을 하고 싶었다. 3개월간 제자훈련 자료들을 모은 후, 1984년 제자훈련 겨울방학을 이용해 용인 벧엘수양관에서 월요일부터 토요일까지 원고를 집필했으며, 7주 만에 원고를 탈고했다.

2010년 9월까지 103쇄가 인쇄됐다. 이 책은 현재까지 일본어, 영어, 스페인어, 포르투갈어, 프랑스어, 중국어, 벵골어, 에스토니아어 등 8개 국어로 번역됐다.

CAL세미나, 목회자를 깨워 평신도를 세우다 1986, 48세

『평신도를 깨운다』의 책 발간은 CAL세미나 개최로 이어졌다. 책을 읽은 목회자들로부터 제자훈련 세미나 요청이 쇄도하자 1986년 3월 세미나실(현재 국제제자훈련원)을 설립하고, 1986년 3월 제1기 '평신도를 깨운다 제자훈련지도자세미나'(CAL세미나)를 사랑의교회에서 개최했다.

 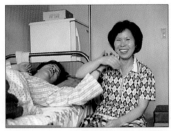

안식년과 카메라, 로마서 강해설교로 살아나다 1989~1992, 50대 중반

그는 일주일에 제자반, 사역반 3개, 순장반 2회, 교역자 훈련, 주일설교 3회, 또 1년 3차례 돌아오는 CAL세미나 인도에 자신의 모든 진액을 쏟았다. 급기야 그는 1989년에 탈진하여 개척 12년 만에 하와이에서 1년간 안식년을 가져야 했다.

이때 이후로 그는 모든 훈련을 부교역자에게 일임했다. 그리고 붙잡는 것이 로마서 강해설교였다. 당시 의사의 권유로 시작한 취미 생활은 사진 찍기였다. 하나님이 창조하신 자연을 찍은 그의 작품들은 몇 권의 사진집으로 묶였다.

한국 교회의 갱신과 일치를 위해 교갱협·한목협 창립 1989~1998, 50대

1989년부터 16년간 그는 한국오엠국제선교회 이사장을 맡아 한국 젊은이들을 훈련하고 선교사로 파송하는데 물심양면으로 후원했다.

1992년 9월에는 소망교회와 협력해 연변과학기술대학을 세워 중국 내 우수한 인재들을 배출했다. 한편, 1996년 3월 교회갱신을 위한 목회자협의회(교갱협)를 창립해 합동교단 내 올바른 선거제도를 정착시켰다. 또한, 평소 하나 되는 한국 교회를 주장했던 그는 1998년 11월 한국기독교목회자 협의회(한목협)를 창립해 한국 교회 연합과 일치를 도모하며 한국 교회의 지도자로서 자리매김했다.

사랑의교회 담임목사, 65세에 조기 은퇴 1996~2004, 60대

옥 목사는 1996년 5월, 미국 웨스트민스터 신학교로부터 목회학박사 학위를 받았다.

그는 2003년 평생을 사역한 사랑의교회를 조기 은퇴 하고, 동일한 제자훈련 목회철학을 지닌 남가주 사랑의교회 오정현 목사에게 담임목사직을 위임하며 2004년 1월 사랑의교회 원로목사로 추대되었다.

한국 교회 대부흥 100주년 기념대회 설교와 소천(召天)

2004~2010, 60대 후반-70대 초반

옥 목사는 한국 교회 성도들이 모인 가운데 상암월드컵경기장에서 두 번의 설교를 전했다. 하나는 2004년 4월 부활절 연합예배에서 "한국 교회여, 다시 일어나라"는 주제의 설교이고, 또 다른 하나는 2007년 7월 한국 교회 대부흥 100주년 기념대회에서 "주여, 살려주시옵소서!"라는 제목으로 한 설교이다. 2010년 3월 CAL세미나의 강의는 그의 마지막 강의가 되었다.

2006년 6월 폐암이 발병했고 2010년 9월 2일 항암치료 중 급성 호흡곤란증후군으로 서울대학교 병원에서 72세의 나이로 소천(召天)했다.

그는 떠났지만, 그의 기도 소리가 아직도 들리는 듯하다.

_월간 《디사이플》 2010년 10월호 발췌

"나는 언제 제일 행복했느냐…, 그저 한 십여 명 소수로 앉혀놓고 제자 훈련하는 시간, 목사도 집사도 권사도 정말 말씀 앞에 다 발가벗고 하나님 앞에서 교훈과 책망, 바르게 함과 의로 교육함을 받은 은혜의 자리, 그 시간이 제일 행복했어요."

-2010년 3월, 84기 CAL 세미나 광인론 강의 중

필로는 사랑 주는 책, 사랑받는 책을 만듭니다.

옥한흠 어록집

문득, 당신이 그리워질 때

초판 1쇄 인쇄 2015년 8월 20일
초판 1쇄 발행 2015년 8월 25일

지은이 옥한흠
펴낸이 고경원
펴낸곳 (주)필로

편 집 최민정 **디자인** 고경원

등 록 제2013-000233호(2013년 12월 6일)
주 소 서울시 서초구 반포대로 14길 27, 611호
전 화 (02)3489-4300 **팩스** (02)3489-4329
E-mail bookphilo@naver.com

Printed in Korea.

ISBN 979-11-951855-3-5 03230